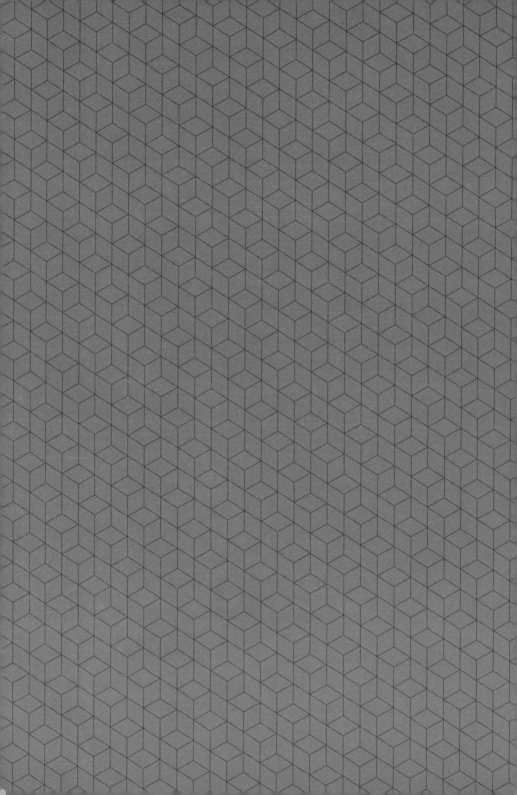

인공지능, 빅데이터, 가상현실, 블록체인 등이
불러올 부의 이동

한 권으로 읽는
4차 산업혁명

인공지능, 빅데이터, 가상현실, 블록체인 등이
불러올 부의 이동

한 권으로 읽는
4차 산업혁명

강규일 지음

책들의정원

거대한 변화의 시작을
목격하며

인터넷 여왕이라 불리는 메리 미커Mary Meeker는 미국의 벤처투자 사인 KPCB의 애널리스트다. 매년 자신의 이름이 붙은 인터넷 트렌드 보고서를 발간하고 있는데, 이른바 〈메리 미커 리포트〉다. 이 자료는 IT 트렌드에 관한 내용을 상세히 담고 있으면서도 향후 산업에 끼칠 영향까지 정확히 예측하기로 유명해 실리콘밸리의 기업들이 늘 주목하고 있다.

기업들이 트렌드에 촉각을 세우고 대응책을 내놓는다는 것은 이미 어떤 변화가 시작되었다는 반증이다. 컴퓨터라는 도구가 생긴 이후 인터넷 서비스는 우리 생활 곁에 안착했다. 사람들의 삶은 크게 변화했고 질적인 측면 역시 놀라울 정도로 향상되었다. 지금 우리가 살고 있는 현재는 과거의 누군가가 예측했을 미래다.

하지만 불과 수십 년 전만해도 이런 미래를 예측하기란 쉽지 않았다. 하다못해 컴퓨터만 해도 얼마나 귀한 물건이었던가. 어린 시절, 학교에서 특별활동 수업으로 마련된 컴퓨터반에 들어가기 위해 담임선생님을 무작정 졸랐던 기억이 있다. '배운 것을 복습해야 하니 집에 컴퓨터가 있어야 한다'는 말에 어린 내 마음은 서운함으로 가득 찼다. 왠지 집안 형편으로 등급을 나누는 것처럼 느껴지기도 했다. 복습해야 한다는 선생님 말씀에 납득할 만도 했지만 어떻게든 해보겠다는 말만 반복하며 떼를 부렸다.

우여곡절 끝에 컴퓨터가 없는 학생으로는 유일하게 컴퓨터반을 들어갈 수 있게 되었다. 그리고 난생 처음 컴퓨터 앞에 앉았다. 그저 신기했다. 내가 누른 키보드의 문자가 컴퓨터 화면에 나왔다. 비록 많은 것을 할 수 있는 시스템은 아니었지만 이 신문물은 내 인생에 찾아온 새로운 세계였다. 원시 인류가 도구라는 것을 처음 사용하고 느낀 기분이 이러했을까.

세월은 흘렀고 컴퓨터는 점점 진화해나갔다. 어느덧 대한민국은 인터넷 속도로 세계 최강을 다투는 수준에 이르렀다. 이메일이 생겨났고 온라인 커뮤니티가 형성되었으며 급기야 소셜 미디어라는 전례 없는 최강자가 등장하기도 했다. 10년이면 강산도 변한다는데 컴퓨터와 인터넷이 만들어낸 세상은 몰라볼 정도로 변화를 거듭했다. 그렇게 우리는 4차 산업혁명을 맞이했다.

세계경제포럼을 이끄는 클라우스 슈밥Klaus Schwab 의장은 2016년 다보스 포럼에서 4차 산업혁명을 언급하며 IT 트렌드와 산업 전반의 대대적인 혁신을 예고한 바 있다. 4차 산업혁명이라는 뜨거운 감자는 우리에게 혁명이 아닌 생활이 되어가고 있다. 패션에도 트렌드가 있듯 IT 산업 전반에도 트렌드라는 것이 생기면서 기업 비즈니스와 산업 분야 역시 변화에 발을 맞추고 대응하는 추세다. 물론 퍼스트 무버first mover가 되어 혁명을 주도하는 이도 존재하기 마련이지만 누군가는 패스트 팔로어fast follower가 되어 뒤를 무섭게 추격한다. 이렇게 세상은 한 귀퉁이에서 꿈틀거리며 지각변동을 이루어내고 역사를 만들어낸다.

필자는 숫자와 공식에 머리 아파했고 대학에서 신문방송학을 전공한 뼛속까지 문과생이었다. 사회에 나와 뉴미디어 분야를 경험하고 여러 IT 기업과 함께 일하며 처음에는 맨땅에 헤딩하듯 온몸으로 부딪혔다. 벌써 10년이라는 시간이 지났지만 기술 파트와 프로그래밍, 아니면 알고리즘에 대한 이야기가 나올 때는 여전히 난해한 기분을 겪고는 한다. 그러면서 4차 산업혁명에 대해 열심히 찾아보고 공부했다. 그 양이 연습장 몇 권을 가득 채울 만큼은 되었고 카카오 브런치에 〈IT 트렌드 속성 가이드북〉이라는 타이틀의 매거진을 2017년 10월부터 약 10주간 연재하기도 했다. 물론 지금도 열심히 연습장을 가득 채우며 글을 쓰고 있다.

전 세계를 뜨겁게 달구던 암호화폐에 대한 이야기부터 스마트 도시에 이르기까지, 우리가 살고 있는 시대와 현존하는 세상에 변화를 안겨다줄 혁명은 계속해서 이어지고 있다. 어쩌면 4차 산업혁명은 앞으로 몇 년간, 혹은 수십 년간 연속될지도 모른다. 그렇기에 쉽게 단언할 수는 없다. 우리 세대는 그저 변화의 시작을 목격하고 미래에 대비할 뿐이다. 그리고 다음 세대는 우리의 모습을 역사 속 한 장면으로 기록할 것이다. 인류가 맞이한 네 번째 혁명으로.

2018년 봄
강규일

CONTENTS

PART 3

블록체인이 가져올 변화

PART 4

허물어지는 경계

PART I

인터넷이
모든 것을
연결한다

1화

혁신의 또 다른 이름은
파괴

이미 시작된 혁명

세계경제포럼의 의장인 클라우스 슈밥Klaus Schwab은 2016년 열린 포럼에서 '과학기술' 분야를 의제로 채택해 디지털 디바이스와 인간 그리고 유비쿼터스가 두루 결합한 '초연결 사회hyper-connected society'에 따른 새로운 시대를 예고했다. 단순한 키워드의 결합이 복잡하고 어렵게 다가올 수 있겠지만 이것이 바로 4차 산업혁명의 출발선이다.

클라우스 슈밥은 자신의 저서인 《클라우스 슈밥의 제4차 산업혁명Fourth Industrial Revolution》을 통해 4차 산업혁명의 키워드를 정의했고 이것이 가져올 대대적인 변화와 산업 전반에 끼칠 영향력을 예고했다. 그리고 4차 산업혁명은 이미 시작되었다고 말한다. 무인으로 운행되는 자율주행 자동차가 미디어를 통해 등장했고 대중화를 준비 중에 있다. 인공지능을 갖춘 '인공지능 스피커'는 경쟁이 가속화 되고 있으며 우리가 손에 쥐고 있는 스마트폰으로 가전기기를 제어하는 것 역시 어색하지 않은 세상이 되었다.

세계경제포럼

클라우스 슈밥이 의장으로 있는 세계경제포럼(WEF, World Economic Forum)은 우리가 익히 알고 있는 경제인, 기업인, 저널리스트, 정치인에 이르기까지 세계적으로 저명한 인사들이 모여 세계 경제에 대해 토론하고 연구하는 국제 민간회의를 말한다. 스위스 동부에 위치한 휴양지 다보스(Davos)에서 열린다고 해서 다보스포럼(Davos Forum)이라고도 불린다.

클라우스 슈밥

클라우스 슈밥은 1938년 독일 태생으로 프리부르대학교 대학원에서 경제학 박사 학위를 받았다. 약 30년간 스위스 제네바대학교 기업정책과 교수직을 역임한 바 있다. 1971년 세계경제포럼 설립 시점부터 세계경제포럼의 회장을 역임해오고 있다. 이 포럼은 2018년 48주년을 맞이했다.

4차 산업혁명을 논하기 전에

4차 산업혁명을 언급하기 전에 알아둬야 할 것은 과거 우리와 함께 했던 산업혁명의 존재들이다. 네 번째 혁명을 맞이했지만 과거에 혁명을 이루었던 산업의 변화는 우리가 반드시 짚고 넘어가야 할 키워드다. 1차 산업혁명은 간단하게 말해 증기기관을 통한 기계화였다. 엄밀히 따지면 증기기관이 발명되었을 때 어느 누가 산업혁명이라 정의할 수 있었을까? 그저 사람들의 편의와 생산성 증대를 위한 발명이 우리 생활을 바꿔놓았을 뿐인데 말이다. 후대의 사람들은 지나온 역사 속에서 기계로 인한 산업이 아주 크게 변화했다는 것을 역사를 통해 인지하게 되었을 것이고 이 발명이 가져온 세상의 변화는 곧 '혁명적인' 사건이 되어 세계 역사 속에 1차 산업혁명이라는 페이지로 기록되었을 것이다.

넓고 푸른 밭에서 감자를 캐고 옥수수를 따먹었던 농경사회나 탄광에서 석탄이나 철을 캐내던 지하자원의 시대. 사람들은 곧 기계를 이용한 대량생산에 들어가게 되었다. 이후 사람과 사람을 음성으로 이어주는 전화나 빛을 내는 전구 등 우리 생활에 필요한 기술들이 '전기'라는 힘으로 발전해 2차 산업혁명으로 이어졌다. 기계와 전기를 통한 생산성은 더욱 발전했고 향상되었다. 전기는 물론이고 화학과 석유, 철강 분야에서 기술 혁신이 진행되었다. 당시에는 전화나 축음기 같은 것들이 발명되어 대중들이 사용하기에 이르렀고 고용을 촉진하는 계기로 이어졌다. 이러한 산업혁명이 가져온 생산성 향상과 우리가 살아가는 생활의 진화는 실로 어마어마했다.

3차 산업혁명은 그보다 더 정교해졌고 '마이크로'라 불릴 만큼 더욱 작아졌다. 기존의 아날로그 방식이 디지털 기술로 진화하기에 이르렀다. 1980년대로부터 출발한 3차 산업혁명은 최근까지 이어져왔다. 컴퓨터, 인터넷 나아가 정보 통신 기술인 ICT Information and Communications Technologies가 모두 여기에 존재한다. 미국 워싱턴 경제동향 연구재단의 설립자이자 경제학자인 제레미 리프킨Jeremy Rifkin은 인터넷과 재생에너지를 통한 3차 산업혁명을 예고한 바 있어 화제가 되기도 했다. 역시 당시에도 '이미 변화는 시작되었다'고 했다.

우리는 이미 새로운 시대를 경험하고 있다

4차 산업혁명은 매우 포괄적이다. 포괄적이고 광범위하다는 것은 그만큼 우리 생활 주변에서 이미 경험했거나 어디서인가 봤을법한 기술이라는 뜻이다. 또한 우리는 우리도 모르는 사이 어느새 함께 하

고 있다. 2016년 3월, 서울 포시즌스 호텔에서 바둑기사인 이세돌과
인공지능 알파고AlphaGo의 대국이 펼쳐진 바 있다. 구글 딥마인드가
개발한 인공지능 바둑 프로그램 알파고는 이세돌을 상대로 4승을 거
뒀고 1패를 기록했다. 한국기원은 알파고에 프로명예단증 9단을 수
여하기도 했다.

당시 알파고는 완성 단계가 아니었다. 구글은 프로토타입의 형태
로 등장한 알파고의 알고리즘을 이용해 삶의 변화를 꾀하고 있다. 사
람이 핸들을 조작하지 않아도 자유롭게 운전이 가능한 무인자율 주
행차나 질병을 진단하거나 건강을 관리하는 미래지향적 서비스를
기획 중이라고 한다. 알파고의 근본이 되는 인공지능 AI 역시 4차 산
업혁명의 일례라 할 수 있겠다. 물론 알파고는 이세돌과의 바둑 대전
이후 더욱 진화했다.

4차 산업혁명이 물리학적·생물학적 분야에 디지털 디바이스와
인간의 삶을 접목시켜 다양한 신기술이나 서비스로 진화하는 것이

라고 보면 이는 우리가 영화에서나 봤을법한 신비한 세계가 비로소 현실화 되는 셈이다. 4차 산업혁명의 핵심 기술은 인공지능, 무인자동차나 항공기를 비롯해 로봇공학, 사물인터넷IoT, 나노기술Nano-Technology, 3D 프린팅 등 다양한 분야의 새로운 기술과 융합convergence이다. 말 그대로 여러 기술이나 기능이 서로 다른 영역에 합쳐지는 현상을 말한다. 애플워치나 갤럭시 기어 등의 스마트워치를 이용한 웨어러블 헬스케어나 피트니스 트래커fitness tracker, 한동안 인기를 끌며 화제몰이를 했던 포켓몬 고Pokémon GO의 기반이 되는 증강 현실 역시 이 안에 포함될 수 있다.

2016년 11월, 현대건설과 SK텔레콤이 기술을 접목해 만들어낸 미래지향적 IoT 빌트인 하우스를 선보인 시연회가 있었다. 스마트폰과 연결된 집안의 모든 것들이 식사 준비, 보일러나 출입문 제어, 조명이나 TV 등 가전을 마음대로 조절하는 등 마치 마술과 같이 눈앞에

피트니스 트래커

기기에 탑재된 각종 센서를 통해 사용자의 생체 정보를 수집하고 운동량과 수면량 같은 활동량을 모니터링하고 측정하는 웨어러블 기기를 말한다. 사용자의 신체에 부착해 사용하는 경우가 많다.

펼쳐졌었다. 사실상 정보통신기술 즉 ICT가 우리 실생활에 4차 산업혁명이라는 이름이 붙어 '짠!' 하고 나타난 것이다. 우리는 이를 IoT 아파트, 다시 말해 스마트홈이라 부른다. 커넥티드 홈의 탄생이 본격화된 것이다. SK텔레콤은 한층 더 업그레이드된 ICT나 미래형 네트워크 등 4차 산업혁명을 주도하기 위해 공격적으로 투자하고 있다. 3G와 LTE를 넘은 5G 통신시대를 맞이한 통신사업은 더 이상 주력이 아닌 세상이 되었다.

세계적으로 유명한 기업 GE^{General Electric}도 자신들의 가전 사업을 중국 하이얼^{Haier} 그룹에 56억 달러, 한화로 6조 원이 넘는 금액으로 매각했다. 하이얼 그룹은 미국의 거대 시장에서 가전제품을 확대할 계획이라고 밝혔다. GE나 지멘스^{SIEMENS}와 같은 기업들은 클라우드 네트워크를 이용한 스마트 공장 건설에 투자하고 있다. 발명왕 에디슨으로부터 이어진 140년 전통의 제조업체가 4차 산업혁명의 주역으로 탈바꿈한 것이다. 국내 통신사 KT는 인공지능 TV 기가지니^{Giga ginie}를 선보였고 네이버는 약 1천 200억 원을 쏟아 부어 자율주행을 기반으로 한 카셰어링 사업에 뛰어들기도 했다. 이러한 기술들은 우리의 생활 패턴을 이해하고 다양한 측면에서 최적화된 방법을 제시하기도 할 것이며 우리 생활의 질을 한층 더 높여줄 수 있을 것이다.

그렇다면 4차 산업혁명은 우리에게 기회가 될까? 4차 산업혁명에 따른 기술의 발전은 여러 가지 측면에서 우리의 미래를 새롭게 설계할 수 있을 만큼 무궁무진한 잠재력을 지녔다. 개개인의 생활 전반에 침투해 우리의 삶과 분명히 함께 하게 될 것이고 우리를 편리하게 해줄 것이다. 새로운 기술을 가진 기업 모델이 생겨나거나 신규 플랫폼을 개발하는 신규 인력 창출의 기회가 될 수도 있을 것이다.

과거 취업을 준비했을 당시 취업문은 상당히 좁았다. 우리가 충분히 체감할 수 있을 만큼 취업이 활발하게 이루어지고 있다고 단언할 순 없으니 지금도 크게 다르지 않아 보인다. 4차 산업혁명이 신규 인력을 창출하고 4차 혁명에 발맞춘 기업들이 새롭게 탄생한다고 해도 본래 좁았던 취업문이 조금이라도 확대될 수 있을까? 불확실성이 가득한 4차 산업혁명 속에서 취업에 관한 이슈는 반드시 해결해야 할 과제다.

자, 생각해보자. 기계로 인해 생산성이 어마어마하게 늘어나게 되고 모든 것이 자동화되는 현실 속에서 인간이 설 자리는 어디일까? 4차 산업혁명은 좋게 보면 혁신적innovative이고 또 다른 측면에서 바라보면 파괴적destructive이다. 과거 증기기관이 탄생했을 때 마차에 올라탄 사람들은 증기기관차를 이용했을 것이다. 그렇다면 마차를 몰고 다녔던 마부들은 어떻게 됐을까?

증기기관이 생겨나고 이를 이용한 운송 기계가 늘어나게 되면 마부들은 일자리를 잃게 된다. 당연한 이치다. 기계가 들어와 사람들의 일을 대신했을 때에도 생산성은 크게 증가했다. 돈이 많은 자본가들은 기계를 도입해 생산성을 늘렸지만 기계가 할 수 없는 일들은 노동자들에게 맡겨 공장의 매출을 늘려갔다. 노동자들은 '노동 착취' 수준의 일을 해야 했고 이 노동자들은 노동 착취 자체가 기계 때문이라고 반발했다. 생산성이 향상된 기계의 속도를 인간이 따라가기에는 무리가 있었다.

영국의 사상가인 로버트 오언Robert Owen은 1771년 웨일스 출생으로 사업에 크게 성공해 스코틀랜드에 방직공장을 갖게 되었다. 이미 기계화된 세상 속에서 인권을 무시하고 착취를 당하는 노동자들을 위해 앞장섰고 협동조합 설립 운동의 아버지라고도 불린다. 결국 정부는 산업혁명에 따른 폐해를 아주 긍정적으로 바꿔 실질적인 혁명을 이뤄냈다.

산업혁명을 제대로 수용하고 진짜 실생활에 접목시키려면 정부의 역할이나 기업의 운영방식 또는 정책 역시도 그에 발을 맞추어 발전해야 한다. 필요에 따라 뜯어고쳐야 한다는 말이다. 클라우스 슈밥역시 비슷한 말을 언급했는데 요약하면 다음과 같다.

"4차 산업혁명은 파괴적일만큼 강렬한 기회이자 무거운 문제들을 안고 있다. 우리는 모두 대비해야 하고 위협이 아닌 기회로 만들어야 한다. 개개인부터 사회 전반, 한 나라와 전 세계적으로 막대한 영향을 끼칠 수 있기에 정부와 기업의 역할, 정체성 재확립이 불가피하다."

변화를 꾀하려면 변화를 위한 변화가 필요하다. 새로운 시대를 맞이하고 인류 번영을 위해서라면 있을 수 있는 혼란은 최대한 완화시키고 제도적인 체계를 확립해야 한다. 사회 체계는 무너지고 인공지능의 지배를 받는 디스토피아를 그린 어느 영화처럼 기계를 비롯한 인공지능만 발전한다고 해서 우리가 꿈꾸는 유토피아가 도래하는 것은 아니다. 이를 우리가 꿈꾸는 긍정의 미래로 만들기 위해서는 운영하고 관리하는 인간들 그리고 사회적 기반을 빈틈없이 구축해야만 한다.

수많은 과제를 떠안고 있는 예측할 수 없는 미래. '서로 협력하고 열심히 소통하면 된다'라는 맹목적이고 단순한 이야기들이 수도 없이 나왔겠지만 그 중에 우리의 갈증과 궁금증을 시원하게 해갈해줄 명쾌한 답이 존재할까?

어쩌면 4차 산업혁명이라는 키워드 역시 한 사람의 무조건적인 주장에 불과할 수도 있다. 시간이 지나면 후대의 사람들은 지금 이 과도기를 진정한 4차 산업혁명이라 부르고 산업혁명이 담긴 역사의 한 페이지에 기록될지 모른다. 하지만 실패 또는 성공이라는 수식어가 붙으려면 우린 반드시 위협이 아닌 기회로 만들어야겠다.

중기기관을 통한 1차 산업혁명, 전기와 함께 변화했던 2차 산업혁명 그리고 인터넷과 에너지가 이루었던 3차 산업혁명을 키워드와 함께 간략히 알아봤다. 하지만 4차 산업혁명은 기존과 달리 다양한 분야에서 변화가 일어나고 있다. 인공지능, 무인자동차, 나노기술, 3D 프린팅, 핀테크, 신소재에 이르기까지 특정할 수 없는 분야도 존재한다. 2017년 들어 가상화폐에 대한 이야기가 끊이지 않았는데 이 역시도 산업혁명의 주요한 키워드가 될 수도 있다. 4차 산업혁명을 두고 혹자는 일자리 창출보다 감소가 이어질 것이라고 언급하기도 했다. 변화는 이미 시작되었고 세계 각국에서도 그 물결의 유속을 따라 연구와 개발 그리고 대비가 한창이다. 대한민국 역시도 4차 산업혁명에 대비한 위원회가 설립되기도 했다. 멀지 않은 미래에 우리의 아이들이 펼쳐보게 될 역사책 안에 4차 산업혁명의 기록이 어떻게 쓰일지 문득 궁금해진다.

2화

빅데이터는
답을 알고 있다

뼈대가 되는 기술

4차 산업혁명과 함께 가장 많이 떠오르는 키워드는 무엇일까. 인공지능? 자율주행 자동차? 사실 로봇공학이나 나노기술 등은 4차 산업혁명 속에 포함된 분야 중 일부다. 하지만 이러한 산업분야의 핵심 기술이 뼈대를 마련하는 데 있어 중요하게 활용되는 것이 바로 빅데이터big data다. 인공지능이나 사물인터넷 등 4차 산업혁명의 각 분야의 연결고리가 빅데이터와 함께 묶여 있다고 해도 과언이 아니다.

그렇다면 빅데이터는 무엇일까? '크다'라는 의미의 단어 'big'과 '자

료나 정보'라는 의미의 단어 'data'가 만났으니 큰 데이터라고 단순해

석하기에는 무리가 있다. 어쩌면 '엄청난 데이터'라고 하면 그 의미가

더욱 부합될 수도 있겠다.

4차 산업혁명이나 IT 분야에서 빅데이터는 키워드의 단순한 의미

를 넘어서는 가치가 내포되어 있다. 우리 생활과 뗄 수 없는 관계로

형성된 인터넷은 남녀노소를 불문하고 거의 모든 이들의 디지털 라

이프를 만들어냈다. 어딘가에 회원가입을 하기 위해 내 정보를 지출

하고 내 스마트폰으로 사진을 찍어 아카이브에 전송하고 텍스트로

트위터와 같은 SNS를 하는 행위 모두 데이터와 연결된다. 페이스북

에는 사용자의 친구나 사용자가 '좋아요'를 누른 페이지에 올라온 소

식을 시간 순으로 보여주는 공간이 있다. 이를 뉴스피드news feed라고

부른다. 하루가 멀다 하고 쌓이는 페이스북의 피드는 그 규모 자체가

워낙 방대하고 프로모션으로도 다수 활용되고 있어 피드 생성과 동

시에 밑으로 묻히기 일쑤다. 최근 동영상 붐이 불면서 짧은 영상 클

립 형태로 만들어지는 VOD 또한 수도 없이 공유되고는 한다. 데이

터 형태에 관계없이 이렇게 쌓이는 수많은 데이터들을 빅데이터라

고 한다.

사람들이 서로 전송하고 공유하는 행위로 생기는 트래픽traffic은 과

거와 비교도 할 수 없을 만큼 폭증했다. 더구나 이러한 글이 이미지

와 함께 표현되는 형태를 비롯해 동영상이나 방문했던 위치 정보 또한 빅데이터에 포함되므로 일정한 형태가 없다는 측면에서 그 범위를 제한하는 경계가 없다고도 할 수 있다. 그렇기에 크다^{big}는 의미는 넓은^{wide} 정도를 넘어 무제한^{limitless}이라는 개념과도 연결될 수 있을 것 같다.

빅데이터가 가진 주된 특징은 사이즈와 크기를 뜻하는 'volume', 다양성을 뜻하는 'variety', 그리고 속도를 뜻하는 'velocity'로 요약해 볼 수 있다. 이를 일컬어 빅데이터의 '3V'라고 한다. 사이즈라 하면 데이터의 물리적인 크기 즉 기업 데이터나 웹 데이터 등 페타바이트^{petabyte, 약 100만 기가바이트} 규모 이상으로 확장된 데이터를 말한다. 그런데 SNS나 동영상 서비스에서는 그 규모가 더욱 커진다. 최근 트위터에서 활용되는 해시태그^{hashtag}만 해도 하루 평균 1억 건이 넘도록 등

트래픽

보통 트래픽이라고 하면 교통량을 떠올릴 수 있는데, 통신 분야에서 쓰이는 트래픽은 전화나 인터넷으로 연결된 라인(line, 망)으로 전송되는 데이터의 모든 양을 말한다. 도로 위를 다니는 차량의 흐름을 교통량이라고 하듯 통신의 흐름을 나타낼 때 쓰는 전송량을 일컫는 용어다.

장하고 있으니 해시태그 유무를 떠나 실시간으로 올라오는 트윗의 수는 아마도 그 이상이 될 것이다. 텍스트로 표현할 수 있는 가장 심플한 SNS 활동이자 행위이고 전 세계적으로 활용되고 있어 어마어마한 데이터가 교류되고 있다는 반증이다.

유튜브^{Youtube}의 경우는 어떨까. 세계에서 가장 각광받는 동영상 플랫폼 유튜브를 통해 하루 동안 평균 약 40억 회가 재생된다고 들은 바 있지만 이는 몇 년 전 이야기다. SNS, 유튜브와 같은 동영상이 데이터로 쌓이고 트래픽이 일어나는 규모로만 보면 거의 10억 제타바이트^{zettabyte, 1제타바이트는 약 1조 1천억 기가바이트} 수준에 이른다고 해도 무리가 없다. 이밖에도 프랑스 비방디 그룹 산하의 데일리모션^{Dailymotion}, 네이버의 네이버TV, 카카오의 카카오TV 그리고 아프리카TV나 판도라

해시태그

해시태그는 게시물에 꼬리표를 붙이는 기능으로 우리가 흔히 '우물 정' 또는 '샵'이라고 부르는 기호를 뜻하는 말 해시(hash)와 '꼬리표를 붙인다'는 의미 단어 태그(tag)가 합쳐진 용어다. 특정 단어나 문구에 해시를 붙여 연관된 정보를 묶어낸다. 관련 정보를 묶기도 하지만 최근 들어 검색에서도 쉽게 활용되고 있다.

의 플랫폼에서도 수많은 영상들이 재생되고 있다.

교통정보를 수집하는 도로 위 카메라나 출입카드를 찍을 때 생성되는 출퇴근 정보, 검색 창에 입력되고 있는 궁금증인 키워드까지 데이터와 트래픽이 폭증하게 만드는 이유다. 이처럼 데이터의 사이즈 volume를 비롯해 다양한variety 정보들이 빅데이터 안에 쌓이게 된다. 무수히 생성되는 이 데이터들은 어떻게 처리가 될까? 이러한 측면에서 속도velocity의 의미를 부여해볼 수 있다. 하루하루 생겨나는 데이터의 생산은 그 생성 속도만 해도 엄청나다고 할 수 있다. 이를 빠르게 처리하고 분석해내야 올바른 저장소나 클라우드 등에 저장이 될 것이고 그로부터 다시 유통이 되거나 수집이 되어야만 한다. 그러기 위해

페타바이트

페타바이트란, 테라바이트가 모여 만들어진 데이터 사이즈의 단위로 1024테라바이트 즉 100만 기가바이트를 뜻한다. 제타바이트는 1천 엑사바이트(EB, ExaByte), 1엑사바이트는 1천 페타바이트다. 1엑사바이트의 수준으로 따지면 미국 의회도서관 인쇄물의 10만 배 수준이라고 하니 사실상 쉽게 감이 오지를 않는다. 참고로 미국 의회도서관은 장서만 1천 900만 권, 기타 자료만 해도 3천 300만 편 등을 소장하고 있는 미국 국립도서관이다.

서는 처리 속도의 중요성을 절대로 간과할 수 없다.

빅데이터에 따른 위와 같은 요소를 처리하는 대표적 플랫폼으로 '하둡Hadoop'을 꼽을 수 있다. 하둡은 방대한 자료를 시스템으로 처리해내는 플랫폼인데 여기서 주목해볼만한 핵심요소는 데이터의 분산 처리와 분산 저장이다. 여러 대의 컴퓨터가 있어 분산 처리가 가능한데 하나인 것처럼 결합해 연산 능력을 보다 높일 수 있는 장점을 가지고 있다. 이러한 처리 기술을 HDFSHadoop Distributed File System라고 한다. 하둡은 빅데이터를 관리하는 도구로 노란 코끼리의 모습을 담고 있다. 익히 알려진 소문에 따르면 개발자의 자녀가 코끼리 장난감을 하둡이라 불렀다는 이야기가 있다.

최근에는 앞에서 언급했던 빅데이터의 기본적 성질인 3V를 넘어서는 키워드들이 거론되고 있다. 데이터는 엄청나게 생겨나고 있는데 '과연 정확한 데이터일까?'라는 의문점에서 정확성veracity이라는 키워드가 생겼다. 빅데이터가 쌓이고 유통되는 과정 속에서는 이를 구분해내기가 어렵다. 개인을 비롯하여 기업이나 정부 및 산하기관 등에서 이러한 데이터를 수집하고 활용하는데 있어 데이터의 정확성은 필수요소라 하겠다.

또 한 가지 제시되는 키워드는 가변성variability이다. 빅데이터 안에서 큰 비중을 차지하고 있는 SNS의 글은 정확성과 구별될 필요가 있다. 단지 개인의 생각이나 의견을 피력하는 공간으로서의 SNS는 타인들의 공감을 불러일으키는 대상이기도 하지만 경우에 따라 공격대상이 되기도 하는 양날의 검이다.

간단한 가정을 해보자. 2018년 1월 7일 허핑턴포스트에 〈대체 트럼프는 얼마나 멍청한 것일까?Seriously, How Dumb is Trump?〉라는 기사가올라왔다. 제목만으로는 트럼프가 '바보 같다Dumb'는 의미를 담고 있지만 피드를 작성하는 사람이 자신의 의견을 덧붙이는 것에 따라, 그코멘트가 어떤 뉘앙스로 표현되느냐에 따라 논란의 대상이 되기도한다. 허핑턴포스트가 올린 '트럼프는 얼마나 멍청한가?'라는 기사에대해 누군가 글을 공유하면서 '맞아. 트럼프는 진짜 멍청해'라고 남길 수도 있고, '펜실베니아 와튼스쿨을 졸업한 세계적인 부호이자 미국의 대통령이 된 사람인데 뭐가 멍청해?'라는 코멘트를 덧붙일 수도있다.

똑같은 게시물을 공유하면서도 찬반이 나뉘거나 긍정과 부정으로갈리거나 호불호가 생길 가능성이 있는 것이다. 같은 것을 보는데 서로 다른 언급을 할 수 있다는 의미에서 '논란의 대상이 될 수 있다'고하겠다. SNS상에서 정치 이야기는 특히 그러하다. 빅데이터에 쌓이는 정보들은 '1+1=2'라는 간단한 수식처럼 겉보기에 누구나 인정할법한 사실임에도 작성된 글 맥락에 따라 부여되는 의미가 달라질 수 있다. 데이터의 성질이 얼마든지 변할 수 있다는 측면에서 거론된 키워드가 바로 가변성이다.

마지막 키워드는 시각화visualization다. 정보는 많은데 어떤 것을 추출해야 할지 모르는 케이스를 위해 눈으로 확인할 수 있는 정보 제공이라는 차원에서 시각화가 등장했다. 통상 빅데이터를 분석할 때는 자신의 실행 용도에 따른 정보를 수집하고 그 정보를 분석한다. 그러나 오늘 접했던 데이터가 내일이면 새롭게 변형된 데이터가 될 수 있다는 가정 하에 데이터를 받는 실제 사용자가 시각적으로 구분하고 이해할 수 있을만한 정보 전달이라는 측면에서 시각화라는 단어가 등장했다.

사용자에 따라 최적화된 정보를 보여주다

그럼 이렇게 쌓인 빅데이터는 어떻게 활용될 수 있을까? 구글은 데이터의 수를 다다익선으로 보고 있다. 키워드에 따른 검색 결과가 많으면 많을수록 사용자가 찾고자 하는, 그리고 사용자에게 제공되는 정보의 퀄리티가 좋아질 수 있다는 진리를 있는 그대로 보여주고 있다. 실제 같은 키워드를 서로 다른 검색엔진을 통해 이용해보면 충분히 이해할 수 있으리라고 본다. 수많은 정보들을 최적화된 결과 값으로 보여주기 위해 구글은 끊임없이 '검색 최적화'를 시도하고 있다.

우리가 검색 엔진을 통해 한두 번쯤 찾아봤을 법한 쇼핑 키워드들이 이후 배너 광고 형태로 나오는 케이스를 하나의 사례로 들 수 있겠다. 이른바 리타게팅retargeting 광고라 일컬어지는 이 배너 광고는 사용자가 검색 키워드를 통해 방문했던 웹사이트 기록, 즉 쿠키cookie를 수집해가고 뭔가 액션을 취하지 않았어도 그 정보가 고스란히 배너 형태로 등장하는 케이스다. 유저의 정보를 분석해 다시 방문을 유도할 수 있도록 하는 마케팅 기법으로 효율성이 좋아 광고주들로부터 각광받는 상품이기도 하다.

미국의 아마존amazon이 이와 유사한 기법을 마케팅 수단으로 활용하고 있다. 소비자의 소비 패턴을 데이터로 축적하고 이 데이터를 분석해 소비자에게 구매 의사가 있을법한 아이템이나 관련 쿠폰 등을 제공하는 경우다. 빅데이터에 쌓인 정보를 커머셜 마케팅으로 활용하는 대표적인 케이스라 할 수 있다.

대한민국의 포털 기업인 카카오가 뉴스 서비스에서 활용 중인 루빅스RUBICS, Real-time User Behavior-based Interactive Content recommender System 역시 데이터에 기반을 둔다. 본래 인공지능이 추천하는 뉴스 알고리즘이라 AI가 그 원천에 있을 것이라 생각할 수도 있겠지만 이용자의 뉴스 소비 패턴을 파악하는 것이므로 데이터가 AI보다 우선시된다고 볼 수 있다. 데이터와 인공지능이 접목된 방식을 통해 축적된 이용자의 활동 패턴을 인공지능이 학습을 한다. 카카오의 뉴스 편집자들이 뉴스를 큐레이션 하게 되면 모든 사람이 동시에 같은 콘텐츠를 보게 되지만 루빅스가 적용되면 사용자의 뉴스 소비 취향에 따라 화면이 달리 보인다는 점에서 눈여겨볼만하다.

보안 취약성에 대한 우려

이처럼 빅데이터는 검색, 커머스, 마케팅 그리고 뉴스에 이르기까지 다양한 분야에서 활용되고 있다. 빅데이터는 다시 인공지능이나 사물인터넷, 헬스케어 등 4차 산업혁명에서 언급될 수 있는 산업 분야에 접목되어 우리 실생활과 직접적으로 연결되기도 한다. SNS에서 생성되는 글들이나 내가 직접 작성한 나의 개인정보가 수많은 정보와 함께 어우러져 어딘가 노출이 되고 있다는 보안의 취약 문제를 감안해보면 역시 문제가 될 수 있다. 특히나 구글의 검색 결과는 수많은 정보를 취하고 있어 나도 모르는 사이 내 모습이나 정보가 드러날 수 있다. 문제를 삼으면 얼마든지 문제가 될 수 있다. 보안의 취약점은 4차 산업혁명 내에서 꾸준히 나온다. 초연결 사회라고 일컬어지는 만큼 연결되는 분야가 많기 때문에 끊임없이 회자된다. 빅데이터의 활용은 정보의 단순한 축적을 넘어 다양한 분야에서 활용되고 있지만 얼마나 신뢰가 가능한 데이터인지, 얼마나 보안이 잘 되어 있는지 그리고 어디까지 내 정보가 퍼져나갔는지 철저한 체계 마련이 필요하다.

빅데이터는 4차 산업혁명 내에서 자주 언급되기도 하지만 4차 산업혁명의 핵심적인 기술인 인공지능이나 자율주행 자동차, 로봇공학이라는 키워드에 가려져있기도 하다. 하지만 4차 산업혁명을 이루는 대부분의 핵심기술들은 빅데이터를 기반으로 한다고 해도 과언이 아니다. 인터넷 브라우저가 있고 구글과 같은 사이트가 있는데 아무런 정보도 가지고 있지 않다면 그들은 무엇을 보여줄까. 언론사 사이트야 기자들이 취재를 하고 기사를 작성해 콘텐츠를 만들지만 이 콘텐츠를 정보로서 활용하지 못한다면 아무런 의미가 없을 것이다. 인공지능이 학습을 하려면 데이터가 필수고 자율주행 자동차 역시 주행을 위한 사전 데이터를 넣지 않으면 사고가 나게 마련이다. 그러한 측면에서 빅데이터는 4차 산업혁명의 기틀을 마련해주는 필수 요소다.

3화

1인 미디어 시대를 여는
SNS

"트위터는 인생의 낭비"라는 일침

빅데이터에서 언급된 SNS는 오늘도 수많은 글들을 쏟아내고 있다. 사진도 영상도 오늘의 이슈를 신문이 아니라 SNS에서 볼만큼 다양한 이야깃거리가 공유되고 활용된다. 맨체스터 유나이티드 Manchester United의 전 감독 알렉스 퍼거슨이 SNS를 하는 일부 선수들의 경솔한 발언을 두고 "트위터는 인생의 낭비다. SNS가 없어도 할 수 있는 일들이 수만 가지나 있다. 차라리 독서를 하라"며 일침을 가한 바 있다. 연예인이나 운동선수가 트위터와 같은 SNS를 통해 물의를 일으킬 때마다 그의 따끔한 한마디가 회자된다.

소셜 네트워크 서비스인 SNS는 온라인 및 모바일 트렌드가 각 개인들의 인맥관계와 잘 버무려진 서비스로 새로운 네트워크를 구축하고 기존의 인맥을 강화하는 사회 관계망 서비스를 일컫는다. 트위터, 페이스북, 라인, 카카오톡 등 소셜 네트워크 서비스는 기본적으로 커뮤니케이션이라는 특성을 갖추고 있다. 사람들과 미디어를 공유하거나 하고 싶은 말을 남기고, 서로의 안부를 묻는 등 '사람과 사람 사이의 커뮤니케이션이자 소통' 이상의 기능을 하고 있다. 빅데이터에 정보가 쌓이고 트래픽을 일으키는 주요 요소 중 하나이기에 몇 가지를 짚어보고자 한다.

SNS 열풍의 가능성을 보여준 아이러브스쿨

'인맥 형성'이라는 측면으로만 보면 자신이 다녔던 학교의 동창 또는 동문 등 학연을 기반으로 구축된 아이러브스쿨www.iloveschool.co.kr이 대표적인 인맥구축 서비스라 하겠다. 1999년 설립되어 가장 빠른 시간 안에 500만 명 이상의 회원을 보유한 기록적 사이트이기도 하다. 당시에는 굉장한 인기를 누렸고 코 묻은 시절을 추억하며 동창 모임을 갖는 경우도 우후죽순 늘어났다. 이 사이트는 철저하게 학교라는 테두리 안에서 형성되는 인맥으로 지금의 인맥 형성 플랫폼과는 어느 정도 상이할 수 있다. 그럼에도 불구하고 아이러브스쿨이 한때 잊고 있었던 추억 속 친구를 만날 수 있는 기회를 만들어준 것이니 '인생의 낭비'와는 무관한 초창기 SNS라고 할 수 있을지 모른다.

싸이월드, 마이크로 홈페이지의 신화를 쓰다

싸이월드www.cyworld.com의 경우는 아이러브스쿨과 달리 인맥형성 플랫폼을 넘어선 서비스로 어마어마한 인기를 모았다. 감히 사회 관계망 서비스 즉 SNS의 초기 모습이라고 해도 과언이 아니겠다. 인맥 형성 플랫폼에 직접 DIYDo it Yourself, 직접 제작함할 수 있는 마이크로 홈페이지의 매력을 입혀 사진도 보고 글도 보고 음악을 들으며 지인들의 소식을 재미있게 확인할 수 있도록 구축해 각광을 받았다. 싸이월드의 일촌이라는 인맥 형성 키워드가 바로 오늘날 SNS 팔로우 개념에 가장 근접한 모델이라 할 수 있다. 싸이월드는 일종의 사이버머니였던 '도토리'로 미니홈피를 꾸밀 수 있도록 DIY를 기반으로 멀티미디어 아이템까지 접목시켰고 이로 인해 수익적인 측면에서도 크게 성공했다. 2004년에는 사용자가 1천만 명을 돌파했으며, 2006년에는 약 2천만 명이 소위 '싸이질'을 했다.

싸이월드는 인맥 형성과 쌍방향 커뮤니케이션에 있어 놀라운 인기를 끌었던 플랫폼이었고 여기서 새로운 공동 체인 '클럽club'이라는 동호회 서비스로 새로운 인맥 구축을 도모했다. 미니홈피에서 흘러나오는 음원 역시 제작자들에게 효자 노릇을 톡톡해 해냈다. 그러나 싸이질에 중독된 '싸이 덕후'들이 우후죽순 생겨났고 개인 프라이버시에 대한 문제점도 생겨났다.

천정부지. 정점이 어디인지 모를 정도로 가파르게 성장했던 싸이월드는 내리막길을 타게 되었다. 페이스북이나 트위터 등 모바일에 최적화된 글로벌 SNS와 국민메신저 카카오톡의 등장에 부딪혔기 때문이다. 모바일 시대가 도래하면서 많은 사람이 싸이월드를 떠나갔지만 그들을 붙잡기에는 역부족이었다.

싸이월드는 SK커뮤니케이션즈와 한 배를 탔다가 독립 법인으로 분리되었다. 아직도 싸이월드가 존재하느냐는 이야기도 있었고 애써 모은 사진이 없어지는 것 아니냐는 소문도 있었다. 싸이월드는 여전히 존재하고 사진 역시 그대로 서버에 저장되어 있어 충분히 찾아볼 수 있다. 어쩌면 누군가에게는 과거를 돌아보고 추억을 곱씹는 서비스일지도 모르겠다. 싸이월드는 예전에 서비스했던 음원 역시 보유하고 있다. 과거 도토리는 포도알이라는 키워드로 명칭이 변경되기도 했다.

싸이월드는 다시 부활하기 위해 재정비에 들어갔고 2017년 하반기 대규모 리크루팅도 실시했다. 더구나 삼성전자로부터 50억 원 가량의 투자도 받았다. 싸이월드는 과거 프리챌의 탄생을 이끌었던 전제완 대표가 수장으로 있다. 2018년 3월 19일, 싸이월드는 뉴스 큐레이션 서비스인 뉴스큐News Que를 선보이기도 했다. 이전과 같은 신화를 다시 쓸 수 있을지는 아직까지 미지수다.

미국 대통령도 사랑하는 트위터

미니홈피 이후 필자는 처음으로 트위터라는 글로벌 SNS를 접했다. 2006년 7월 첫 선을 보인 트위터는 친구를 맺고 메신저 기능까지 한꺼번에 모아놓은 콤팩트한 SNS 플랫폼이었다. 140자로 제한된 글자 수, 몇 마디로 축약된 문장들이 트위터의 '트친'들을 통해 리트윗retweet되어 뻗어나간다. 트위터는 말 그대로 '지저귄다'는 의미를 내포하고 있다. 하고 싶은 말을 트윗창에 '짧고 굵게' 올리는 형태로 팔로우follow라는 특징을 가지고 있다. 더불어 언론사가 140자 이내로 요

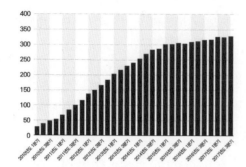

트위터 사용자 수 통계

2010년 1분기에서 2017년 3분기까지 트위터를 사용한 순이용자 수 통계. 출처: The Statistics Portal(www.statista.com)

약된 속보를 트윗을 통해 알릴 수 있어 신속하고 정확한 정보 유통망으로도 활용되고 있다. 소문에 의하면, 버락 오바마Barack Obama 미국 전 대통령이 선거에서 승리할 수 있었던 요인 중 하나가 트위터를 이용한 홍보 때문이라고 한다.

트위터는 페이스북의 승승장구로 인해 하향세를 보였다. 2017년 3분기 트위터의 월평균 이용자 수는 약 3억 3천만 명이었다. 참고로 페이스북의 2017년 10월 이용자수는 약 20억 명을 넘는다.

하지만 트위터는 명확한 강점을 보유한 플랫폼 중 하나다. 언론사에서도 아직까지 트위터를 인용해 보도하는 사례가 잦고 140자 안에서 보이는 속보성 콘텐츠가 리트윗 되는 효과도 엄청나다. 도널드 트럼프Donald Trump 미국 대통령 역시 트위터를 찬양하는 쪽이다. 트럼프에게 있어 트위터와 같은 SNS는 자신만의 미디어 체계였고 결과적으로 성공했다. 보통은 언론을 통해 자신을 드러내지만 그는 트위터를 통해 표를 가진 유권자들과 직접 소통하기에 이르렀다. 트위터가 없었다면 대통령 당선이 어려웠을 것이라는 이야기가 틀린 말은 아닌 것 같다. 지금 현재도 역시 트럼프의 트위터 인용은 매우 꾸준한 편이다.

페이스북, 절대 강자의 자리에 오르다

페이스북Facebook은 2004년 2월 개설된 소셜 네트워크 웹사이트로 미국에서 가장 성공한 SNS다. 어쩌면 역사의 한 페이지에 페이스북에 대한 기록이 큼지막하게 서술될지도 모르겠다.

하버드대학교 학생이었던 마크 저커버그Mark Zuckerberg로부터 페이스북의 역사가 시작된다. 당시 마크는 불과 열아홉 살이었고 페이스북의 출생 장소는 연구소나 스타트업이 아닌 학교 기숙사였다. 하버드대 학생만 이용할 수 있도록 제한되었다가 한 달도 되지 않아 하버드 학생 중 절반 이상이 가입하기에 이르렀다. 두 달 후에는 모든 아이비리그까지 사용 가능하도록 확장되었고 개설 1년 후에는 고등학교 학생들까지, 거의 2년 만에 수많은 사람들이 이를 이용하게 되었다. 2006년 9월 이메일을 가진 13세 이상이라면 누구나 사용 가능하

마크 저커버그의 페이스북

마크 저커버그는 페이스북의 설립자이자 CEO로, 그가 만든 페이스북은 SNS의 대표 주자가 되었다.
출처: www.facebook.com/zuck

도록 개방되었다.

순식간에 성장한 페이스북에는 당연히 투자가 붙기 시작했다. 2006년 야후가 10억 달러 이상의 인수 제안을 했다. 하지만 거절했다. 2007년에는 마이크로소프트가 2억 4천만 달러를 투자했다. 한화로 약 2천 600억 원 수준. 하지만 이는 페이스북 지분의 1.6%일뿐이었다. 페이스북의 2016년 기준 회원 수는 무려 15억 명, 2017년에는 20억 명을 넘어섰다.

1984년생의 마크 저커버그는 어마어마한 부호가 되었다. 페이스북에는 회원들의 사적인 정보가 담긴다. 회원들이 올리는 콘텐츠를 회원들의 친구 또는 친구의 친구까지 공개 범위에 따라 전파된다. 어쩌면 사적인 플랫폼이겠으나 그 범위로 인해 공적인 공간으로 변화될 수 있다.

플러그인

특정한 프로그램의 기능을 보강하기 위해 추가된 장치. 쉽게 말해 어떤 프로그램에 존재하지 않던 새 기능을 추가하기 위해 끼워 넣기 식으로 탑재한 부가 프로그램으로 자체 실행능력은 없으나 특정 프로그램 속에서 실행되어 기능을 발휘한다.

사용자들이 올리는 콘텐츠뿐 아니라 콘텐츠에 따라붙는 댓글과 2010년에 도입한 '좋아요' 같은 플러그인plug-in 모델 역시 페이스북의 가치를 높여주는 역할을 한다. 개개인이 취향에 따라 콘텐츠를 올리고 또 그의 친구들이 이 콘텐츠를 소화하는 정보 공유의 형태는 단순한 것 같지만 '페북질'로 시간을 낭비할 수 있는 요소로도 작용될 수 있다. 모 회사는 직원들이 페이스북에 시간을 낭비하는 행위를 막기위해 사내 페이스북 접속을 차단하는 케이스도 생겨났다.

그럼에도 불구하고 페이스북의 인기는 끝이 없다. 페이스북은 다양한 기능을 계속해서 추가하고 있다. 이미지 첨부와 코멘트로 나의 삶이나 생각을 알리는 단순한 용도였지만 기업이 마케팅으로 활용하는 필수 요소가 되었고 언론사가 보도할 수 있는 또 하나의 알림창으로 거듭났다. 또한 커뮤니티를 통한 정보 공유에 이르기까지 다양

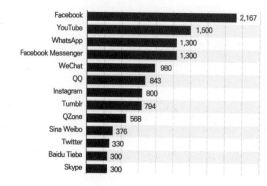

Facebook	2,167
YouTube	1,500
WhatsApp	1,300
Facebook Messenger	1,300
WeChat	980
QQ	843
Instagram	800
Tumblr	794
QZone	568
Sina Weibo	376
Twitter	330
Baidu Tieba	300
Skype	300

SNS 사용자 수

전 세계적으로 가장 인기 많은 소셜 네트워크 서비스 사용자 수(단위: 백만 명, 2018년 1월 기준).

출처: The Statistics Portal

한 기능을 소화할 수 있는 강력한 SNS가 되었다.

2016년 20대 총선에서 JTBC와 손을 잡고 생중계 서비스를 하기도 했다. JTBC는 뉴스 뒷이야기라는 콘셉트로 소셜라이브를 도입했고 페이스북을 통해 생중계를 하고 있다. 1인 미디어 시대, 그 트렌드에 발맞춰 개인이 라이브를 할 수 있는 서비스도 도입했다.

페이스북을 통해 인기를 누리는 미디어들도 많이 늘어난 편이다. 우리는 그간 조간신문, 잡지, 인터넷신문을 통해 이야기들을 접해왔다. 흔히 '조중동'으로 불리는 메이저 언론사 등에서 기사화되는 많은 이야기들은 최근 미디어 트렌드와 달리 딱딱하고 무거운 편이다. 언론사에서는 "우리랑 유사한 기사거리인데 왜 다른 곳의 '좋아요' 수가 더 많은 걸까?"라거나 "우린 기자도 많고 기사도 많은데 왜 팔로워 수가 적지?"라고 궁금해하기도 한다. 이유는 간단하다. 같은 이야기라 하더라도 어떻게 표현하느냐에 따라 뉘앙스에 따른 이해도와 인식 자체가 달라진다.

접근 방식을 달리해왔던 허핑턴포스트HuffingtonPost, 인사이트Insight, 위키트리Wikitree 등 인터넷 미디어에 강한 면모를 보인 매체들이 페이스북과 같은 SNS에서 각광을 받았던 것 역시 연성 콘텐츠를 SNS 트렌드에 걸맞게 만들어내기 때문이다. 연성 콘텐츠가 아닌 기사들도 가볍게 풀이하여 누리꾼과 소통할 수 있다면 누구나 쉽게 접할 수 있을 것이며 그 결과 '좋아요'도 팔로워 수도 확대시킬 수 있는 요인이 된다.

SBS의 스브스뉴스가 대표적 사례라 할 수 있다. 많은 언론사들이 디지털뉴스에 귀를 기울인다. '뉴미디어'나 '디지털' 등이 트레드인양 이름을 붙여 조직을 만들고 연성 콘텐츠라는 정체성으로 무언가를 제작해 쏟아내기 바쁘지만 트렌드를 한 번에 바꾸기란 결코 쉽지 않은 일이다. 이처럼 국내 미디어들은 탈脫 네이버를 꿈꾸며 페이스북과 같은 SNS가 이끄는 모바일 트렌드에 발을 맞추려 심혈을 기울이고 있다.

인스타그램과 해시태그 붐

페이스북은 여전히 거침이 없고 또 다른 목표를 향해 정주행하고 있다. 마치 한계가 없는 플랫폼인 것 같다는 생각이 지배적이다. SNS 플랫폼 측면으로만 봐도 페이스북은 그야말로 '넘사벽넘을 수 없는 사차원의 벽이라는 뜻을 가진 유행어로, 따라잡을 수준이 아니라는 의미'이다. 페이스북은 2012년 4월, 사진과 동영상을 공유할 수 있는 SNS 플랫폼 인스타그램Instagram 을 인수했다. 그리고 몸집을 불렸다. 잘 알다시피, 인스타그램은 사용자 수만 7억 명이 넘고 인스타에 참여하고 있는 광고주 수만 해도 100만을 넘는다.

페이스북의 CEO 마크 저커버그는 인스타그램을 무려 10억 달러한화로 약 1조 2천억 원에 사들였다. 인수 규모에 있어 우려 깊은 목소리도 나왔으나 페이스북의 기업 가치는 더욱 올라갔다. 인스타그램에서는 공유하고 싶은 사진에 짤막한 설명을 덧붙이는데, 이를 '해시태그를 단다'고 부른다. 해시태그는 인스타그램을 넘어서 광고나 일상에서도 흔히 사용되기에 이르렀다. 그야말로 열풍이었다. 더구나 동영상 기능과 사진 합성 프로그램 등 다양한 기능을 추가하면서 보다 많은 사용자를 확보해나가고 있다.

인스타그램의 사용자가 많다 해도 '돈'을 벌지 못하면 무슨 소용일

인스타그램

인스타그램은 순간을 뜻하는 단어 'Instant'와 전보를 뜻하는 단어 'Telegram'을 결합해 만들어진 말로, 세상의 순간들을 포착하고 공유한다는 슬로건 아래 2010년 출시된 플랫폼이다.

까. 더구나 큰 금액을 지불하고 인수한 곳이니 말이다. 사실 페이스북이 인스타그램을 인수할 때만 해도 뚜렷한 수익모델이 없었다.

페이스북이 2012년 인스타그램을 인수한 후 뒤늦게 광고를 탑재했다. 미국 사용자들을 대상으로 했던 광고는 단순한 이미지나 동영상이 전부였다. 2년 그리고 3년이 흘러도 눈에 들어오는 매출은 없었다.

인스타그램은 캐러셀Carousel이라는 광고 플랫폼을 개발해 사용자 대상으로 출시했다. 캐러셀은 슬라이드 형태로 광고 이미지를 보여준다. 여기서 '더 보기' 버튼을 누르면 광고 페이지로 이동한다. 영단어 캐러셀은 회전목마Merry-go-round라는 의미를 갖고 있다. 이러한 유형의 광고는 사용자들을 더욱 끌어들이는 계기로 작용했다. 미국의 IT전문매체 디지데이닷컴digiday.com은 회전목마 광고가 일반적인 스폰서십 광고에 비해 열 배는 효과가 좋다고 언급하기도 했다. 인스타그램은 비주얼과 1인 미디어라는 두 가지 성격을 잘 버무려 최신 트렌드, 그리고 이용자 친화형 서비스로 성공한 케이스라 할 수 있겠다.

경쟁에 뛰어든 네이버와 카카오

우리나라의 포털 1위 네이버는 2015년 폴라^{Pholar}라는 서비스를 출시했다. 사진이라는 뜻의 'photo'와 대중적으로 인기가 있다는 뜻의 'popular'를 결합해 이름 붙여진 폴라는 사진을 기반으로 만들어진 SNS 플랫폼이다. 인스타그램과 아주 유사한 성격을 띠고 있으며 폴라 사용자들을 대상으로 다양한 프로모션이 진행되기도 했다.

네이버는 자체 인공지능 클로바^{Clova}를 탑재한 관심사 기반의 SNS 디스코^{DISCO}를 2017년 6월에 선보였다. 이 서비스의 핵심은 인공지능이 추천하는 콘텐츠를 통해 각 사용자들의 관심사를 공유하도록 만들어져 기존의 SNS와는 조금 차별화될 수 있다. 출시된 6월에 약 1천 명, 그리고 2개월이 지나 7천 명이 가입했다. 관심이 있는 글의 링크를 붙이고 나의 생각을 코멘트로 붙여 페이스북과 유사한 모습을 띄기도 하지만 인공지능을 기반으로 운영되고 '좋아요'뿐 아니라 '싫어요'라는 감정을 표시할 수도 있다. '싫어요'로 반응을 하면 사용

네이버 AI 클로바와 함께 하는 SNS, 디스코
네이버의 인공지능 '클로바'가 탑재된 콘텐츠 큐레이션 서비스 '디스코'.
출처: clova.ai

자의 콘텐츠 선호도가 업데이트된다.

네이버는 밴드Band라 불리는 폐쇄형 SNS도 서비스 중에 있다. 네이버주식회사의 모바일 분야 자회사 캠프모바일이 개발한 플랫폼으로 2012년 8월 처음 출시했다. 밴드는 2015년 초반까지 동호회나 학교 동문 및 동창, 가족들, 회사 TF 등 비공개 모임을 위한 서비스였으나 2015년 4월 이후 공개형 SNS로 전환되었다.

카카오는 2015년 모바일 블로그 서비스라는 정체성을 '플레인Plain'이라는 서비스에 담았다. 모바일 환경에 최적화된 플랫폼으로 만들어졌는데 성격은 말 그대로 모바일 블로그 플랫폼을 지향하고 있어 SNS라고 하기엔 무리가 있어보였다. 결국 플레인은 출시 2년 만에 서비스를 종료했다.

카카오의 대표적인 SNS는 카카오스토리다. 카카오톡과 연계하여 만들어진 SNS 플랫폼으로 사진, 메시지 모두 공유가 가능하다. 2012

년 출시되어 단 10일 만에 1천만 명이 이 서비스에 가입했다. 카카오톡이라는 성공적인 메신저 서비스를 등에 업고 인기를 누리고 있는 SNS다. 사실 카카오톡은 국민 메신저라고 불릴 만큼 국내에서는 독보적이다. 덕분에 이와 연계하여 운영할 수 있는 SNS만 있다면 그 기반이 흔들리지 않기에 어느 정도 효과를 볼 수 있다. 그러한 측면에서 카카오톡 플러스친구나 채널 서비스는 미디어들이 앞다투어 경쟁하는 공간이 되어버렸다. 카카오톡 내 채널 서비스 역시 네이버 AI와 같이 카카오의 루빅스라는 시스템이 적용된다.

이제 세상은 SNS로 움직인다

2017년 트위터리안들은 자신들의 트위터에서 '#BeforeTheInternet Existed'라는 태그를 달아 인터넷이 없던 시절을 곱씹었다. 스마트폰과 인터넷을 습관처럼 이용하는 지금의 세대와 그 문명에 익숙해져버린 우리는 과연 인터넷이 없던 시절 어떤 모습이었을까. 궁금한 문제가 생기면 가족이나 선생님에게 물어봤을 것이다. 어쩌면 도서관에서 책을 뒤져봤을 수도 있다. 너무 당연한 이야기지만 지금은 누구나 검색을 한다. SNS로 이야기하기보다는 친구를 직접 만나 대화했을 것이다. 인터넷 없던 시절의 추억과 회상도 이제는 아무렇지 않게 해시태그를 달아 트위터에 올린다.

소셜 미디어를 통한 미디어공유는 상당한 파급력을 가진다. 최근 언론사들이 사회적 이슈에 따른 SNS 결과물에 집중하고 또 그 내용을 인용하는 경우도 다반사가 되었다. 일부 언론사는 "누리꾼들은…"이나 "트위터에서는…" 혹은 "페이스북 사용자들에 따르면…"으로 시작하는 SNS 반응을 기사 마무리에 곧잘 활용하기도 한다. 또한 SNS에 올라온 이슈나 사건, 사고들을 집중 취재하여 방송을 하고 보도를 한다. 사회면에서 짧게 보도되었던 사건들이 SNS의 힘으로 다시 뜨거운 화제가 되기도 한다. 공중파 방송을 보다 보면 많은 뉴스 아이템에서 SNS라는 수식어를 쉽게 볼 수 있다. SNS에 유서를 남기거나 동영상을 남기며 몸을 던지는 사람들, 아무도 알지 못했던 그들의 고되고 힘들었던 고민들과 사연이 SNS를 통해 알려지게 되고 방송으로 보도가 되는 케이스를 보면 'SNS가 없었다면 어땠을까?'라는 의문이 든다.

SNS를 통한 뉴스들이 방송이나 포털사이트, 신문에 등장하는 것은 비단 어제오늘 일이 아니다. 좋은 측면으로 바라보면 SNS를 통해 감춰졌던 이면과 어두운 커넥션 따위를 정화시키는 힘으로 작용하기도 한다. 하지만 아직도 끝나지 않은 이슈가 또 다른 뉴스들로 인해 순식간에 파묻히기도 한다. 뉴스와 이슈가 많아진 세상, SNS는 여전히 뜨겁고 트렌드 역시 SNS에서 비롯되고 있다.

페이스북은 거침없는 항해를 펼쳐왔다. 하지만 무려 5천만 명이나 되는 개인정보가 유출되면서 마크 주커버그가 직접 실수를 인정하기도 했다. 이 때문에 페이스북을 탈퇴하겠다는 회원도 넘쳐나 파문이 일파만파 퍼졌다. 실제로 2016년 미국 대선 기간 동안 사용자 데이터가 도용되었고 사용자 정보는 도널드 트럼프 당시 후보의 선거 홍보 활동에 이용되었다고 한다. 더구나 페이스북 계정은 여러 플랫폼의 로그인 용도로도 활용되고 있어 불안감을 느끼는 회원이 존재한다. 탈퇴가 직접적인 해결책으로 보일 수도 있지만, 계정을 유지하면서 조치를 취하려면 위치 서비스를 차단하고 타사 애플리케이션과의 연결을 해제하는 등 수고스러운 과정을 거쳐야만 한다. SNS를 통해 축적된 빅데이터가 기업의 마케팅이나 정치적 활동에 불법적으로 악용될 수 있는 우려가 있다. 그렇기 때문에 항상 문제를 제기하는 목소리가 존재해왔다. 더 큰 피해 확산을 막기 위해서라도 각 SNS 플랫폼의 철저한 보안 정책 수립과 자정 노력이 불가피하다. SNS가 개인이나 사회에 해악을 끼칠 수 있는 여지는 얼마든지 있다. 하지만 피해자가 더 이상 나오지 않기를 바랄 뿐이다.

4화

사물인터넷을 넘어
만물인터넷

수많은 정보들

사람들 사이에서 오가는 커뮤니케이션은 과거에 서신이나 전화를 통해 이뤄졌지만 이제는 잡담을 하고 수다를 떠는 행위가 메신저를 통해 이뤄지는 세상이 되었다. 인터넷과 SNS 플랫폼을 통해 전파되고 공유되는 이야기들은 마치 일상처럼 변모했다. 4차 산업혁명을 예고했던 클라우스 슈밥은 초연결 사회에 대한 언급을 빼놓지 않았다. 내가 했던 이야기와 어떤 연예인이 트위터에 남긴 글 모두 데이터가 되어 인터넷망을 타고 떠돈다. 사물인터넷을 기초로 하고 있는 초연결 사회에서는 부피와 크기, 용량에 관계없는 수많은 정보들이 상호 교류되면서 지속적 변화가 있게 될 것이며 긍정이든 부정이든 우리에게 아주 큰 영향을 미치게 될 것이다. 이미 도래한 4차 산업혁명 속에서 우리는 단순한 연결을 뛰어넘는 초연결의 시대로 진입했다.

사물과 사물이 연결되는 시대

IoT는 1999년 MIT 공대에서 처음 사용된 단어로 'Internet of Things'의 줄임말이다. 한글로 풀어쓰면 말 그대로 '사물인터넷'이 되는데 이는 인터넷 망을 기반으로 사람과 사물, 사물과 사물 간 소통하는 지능형 기술을 일컫는다. 컴퓨터에 꼬리처럼 달라붙은 인터넷 선을 타고 유선으로 주고받는 통신은 초고속으로 변화했고 우리가 손에 들고 있는 휴대폰의 모바일 인터넷은 대표적인 무선통신이자 5G시대를 맞이했다. 유무선을 막론하고 사용자와 디바이스 그리고 각 디바이스 간 정보를 주고받는 형태 모두가 사물인터넷에 포함된다고 볼 수 있다.

사물인터넷은 본래 B2B^Business to Business 용도로 시작했다. RFID^Radio-

Frequency IDentification, 전자식별 방식의 교통카드나 주차장 관리 시스템, 더불어 센서를 통해 바코드를 읽는 방식, 돈을 입출금하는 ATM기기 등 여러 분야에서 활용되고 있다.

미국의 대표적인 정보통신 회사 시스코CISCO는 사물인터넷의 인프라가 점진적으로 확대될 것을 예상했고 기본적으로 사람과 사물을 뛰어넘어 데이터나 프로세스 등에도 인터넷이 연결되어 이른바 만물인터넷으로 거듭날 것이라고 전망했다. 만물인터넷IoE, Internet of Everything은 사물인터넷을 초월하게 될 것이고 이는 향후 초연결사회로 이어진다. 결국 인터넷을 기반으로 했던 사물인터넷이 만물인터넷으로 거듭나게 되고 만물인터넷은 초연결사회의 핵심적인 구성체가 될 것이다. 그리고 세상은 다시 한 번 진화를 거듭할 것이다.

사물인터넷, 유비쿼터스를 이루다

우리가 매일 같이 바라보는 모니터 속의 웹 페이지나 모바일을 통해 유튜브 등을 바라보고 있는 것 역시 인터넷을 통한 상호 소통을 기본으로 하고 있다. 게임을 하거나 인터넷 쇼핑을 하는 행위 자체 모두가 눈에 보이지 않는 통신망에 연결되어 데이터를 읽고 사용한다.

우린 늘 그렇듯 출퇴근이나 등하교를 위해 버스에 올라타 교통카드를 찍는다. 교통카드라는 사물이 버스에 탑재된 단말기와 정보를 교환한다. 백화점에서 쇼핑을 하기 위해 주차를 할 때도 차량 정보를 읽는 센서가 몇 시 몇 분에 주차했는지 확인하고 정산소와 각 매장 포스 단말기에 정보를 쏜다. 쇼핑을 한 후 무료 주차를 위해 차량 번호를 등록하면 이 정보 역시 인터넷 망을 타고 정산소로 흘러들어가 사전 정산이 된다. 이와 같은 사물인터넷은 RFID와 인터넷 망을 이용한다. RFID는 IC칩과 무선을 통해 정보를 관리하는 인식 기술로 데이터를 송수신한다. 상품을 구매할 때 흔히 쓰이는 바코드 역시 사물인터넷의 한 종류다. 여덟 개에서 열여섯 개의 줄이 바코드 스캐너를 통해 읽히면 정보가 집계된다. 바코드는 QR코드로 변형되어 더욱 많은 정보를 담을 수 있도록 고도화되기도 했다.

이러한 사물인터넷은 진화를 거듭했고 한 가지의 사물이 아닌 세상 모든 만물에 인터넷이 연결되어 영화에서나 볼법한 미래지향적 인터넷으로 탈바꿈했다. 만물인터넷의 시대에 접어들면서 사물과 사람, 데이터에 이르기까지 인터넷과 모바일, 클라우드가 서로 결합된 형태로 진화한 것이다.

만물인터넷은 '언제 어디에나 존재한다'는 유비쿼터스ubiquitous의

가전제품의 진화

디스플레이와 인공지능이 탑
재된 삼성전자 패밀리허브 냉
장고의 모습.
출처: samsung.com

의미와 같은 맥락에 있다. 유비쿼터스는 우리가 있는 공간 그 어느
곳에서도 제한 없이 그리고 자유롭게 네트워크에 접속할 수 있는 환
경을 말한다. 컴퓨터와 관련되어 있는 기술들이 우리 생활 곳곳에 존
재한다는 의미로 자동차나 냉장고, 시계 등 특정되지 않은 사물들이
네트워크에 접속한다는 것으로 보면 된다.

　최근 CF에서도 볼 수 있었던 냉장고를 한 가지 사례로 들어보자.
우린 냉동실과 냉장실이 따로 분리되어 있는 냉장고를 사용해왔다.
물론 지금도 크게 다르지 않다. 냉장고가 담을 수 있는 용량은 점점
확장되었고 굳이 문을 열지 않아도 물이나 얼음까지 먹을 수 있게 되
었다. 이러한 냉장고에 디스플레이가 탑재되면서 오늘의 날씨를 확
인할 수도 있고 따끈따끈한 뉴스도 볼 수 있으며 레시피를 보면서 요

리도 할 수 있게 되었다. 냉장고에 탑재된 디스플레이는 네트워크에 접속되어 사용자들에게 정보를 제공한다.

AI 스피커 역시 냉장고와 같이 유사 사례로 들어볼 수 있겠다. 사람이 음성으로 명령하는 명령어를 스피커에 내장된 마이크가 인식하고 이 정보를 접속된 네트워크로 가져간다. 네트워크에 접속된 서버 중 적당한 답을 찾아 사용자에게 피드백을 한다. IoT와 AI가 만난 대표적 케이스라 할 수 있다.

우리는 묵직한 데스크톱이 없어도 자유롭게 인터넷을 이용할 수 있는 시대를 접하고 있다. 생활 속에 스며든 컴퓨터 관련 기술들을 일컬어 퍼베이시브 컴퓨팅pervasive computing이라고도 한다. 구석구석 스며드는 컴퓨팅이라는 의미다. 만물인터넷이 유비쿼터스의 패러다임을 바꿔놓게 된다면 가정 내에서는 물론이고 전 세계 어디서든 정보기술을 활용할 수 있게 될 것이다.

발전의 득과 실

주인공의 몸이 부서지고 긁히며 갖은 고생을 다 겪어내는 영화가 있다. 브루스 윌리스Bruce Willis가 주연한 작품 〈다이하드Die Hard〉다. 이 영화는 2013년까지 다섯 편이 제작되었는데, 시리즈의 4편이었던 〈다이하드 4.0〉은 정부의 네트워크 전산망을 파괴해 미국을 장악하려는 테러범과 주인공의 결투를 그린다. 슈퍼컴퓨터로 인해 장악되어버린 미국 도심은 교통과 통신, 전기에 이르기까지 모든 것이 파괴되고 마비되어 아비규환을 이룬다. 컴퓨터와 연결된 만물인터넷이 이처럼 해커의 손에 의해 한순간에 망가져버린 것이다.

프랑스 몽트뢰유Montreuil에 본사를 두고 있는 유비소프트Ubisoft는 〈와치독Watch Dogs〉이라는 게임을 2012년에 공개하고 2년 후 출시했다. 이 게임의 배경 역시 앞에서 언급한 〈다이하드4.0〉과 유사하다. 해커에 의한 대정전이 일어나 슈퍼컴퓨터와 연결된 개인정보, CCTV, 신호등 등 도시의 모든 것이 장악된 것이다. 이 게임의 주인공인 에이든 피어스 역시 해커다. 게임에서는 해킹이 무기라고 말한다.

지금을 살아가는 현재의 우리는 스마트폰과 뗄 수 없는 관계에 놓여있다. 첨단 기술의 편리함이야 두말할 나위 없지만 편리함을 넘어 습관이자 생활의 일부가 되었다. 수많은 기기와 다방향으로 연결고리가 형성될 머지않은 미래에는 보이지 않는 부작용들이 생겨날 수밖에 없다. 우리가 다뤄야 할 새로운 디바이스들이 생겨나면서 생성되는 다수의 정보는 정해진 절차대로 공유될 수 있도록 안전에 대한 보안과 철저한 규제 마련이 시급하다.

영화나 게임의 배경을 사례로 설명했지만 세상의 판을 뒤집어 놓을만한 리스크와 그 가능성은 충분히 존재한다. 어쩌면 영화나 게임에서 불법한 위험성이 현실화될 수도 있다. 하지만 사물인터넷이 탄생한 진정한 의미는 우리 삶의 질을 높여주기 위함이다. 가령 스마트폰으로 실내 온도를 제어하고 조절하는 보일러나 버튼 하나만으로도 미리 준비해둔 밥솥의 취사를 시작하게 하는 것이 사물인터넷의 긍정적 사례들이다.

SK텔레콤과 현대건설이 지능형 스마트홈 상용화를 위해 손잡은 것 역시 풍요로운 삶을 꿈꾸는 입주자들의 편의를 위한 목적에서 시작해 IoT 아파트가 탄생하게 된 까닭이다. 통신사와 건설사의 컬래버레이션을 선보였던 시연회는 2016년 11월 강남에 위치한 모델하우스에서 진행되었다. 지극히 평범한 모델하우스를 가득 메운 취재진들과 관련자들이 인터넷과 연결된 가전들의 움직임을 예의주시했다. 대다수의 기기들이 인터넷망과 연결되어 집주인에게 맞춤형 서비스를 제공하는데 사물인터넷과 각 기기에 탑재된 인공지능의 머신러닝에 의한 고품격 생활 맞춤형이었다. 쉽게 말해 집주인의 생활 패턴을 인식하고 그 패턴에 맞춰 작동하는 것이다. 스마트폰을 통해 비가 오는 날에는 열어두었던 창문을 닫고 깜빡 잊었던 가스밸브를

잠그며 엘리베이터를 미리 호출하기도 한다.

　SK텔레콤과 현대건설의 IoT 아파트 탄생 이후 LG유플러스는 네이버-대우건설과 IoT 아파트 구축을 위해 파트너십을 체결했다. 음성인식 기반으로 냉난방 조절, 무인택배 확인, 주차관리와 에어컨, 공기청정기 등 IoT 가전과 관련 기술들을 스마트홈으로 거듭나기 위한 발판으로 삼았다. 이처럼 LG유플러스는 새로운 IoT 생태계 구축을 위해 사물인터넷 기술을 미래 핵심 사업으로 꼽았다. IoT@Home이라는 기술 지원으로 에너지는 절약하고 편리함과 쾌적함을 동시에 제공하면서 새로운 라이프스타일을 주도하려는 목표를 갖고 있다.

　혹자들은 해킹의 우려로 인한 외부 침투나 오작동을 언급하기도 했다. 사람도 실수는 하는 법이고 기계라고 해서 완벽할 수는 없을 테니 충분히 있을 수 있는 일이다. 또한 아파트 입주를 위한 가격대가 적정한 수준reasonable은 아닐 테니 나와는 관련 없는 '남의 일'이라고 말하는 것도 전혀 어색해보이지는 않는다. 아직은 시기상조일 수 있다. 하지만 사물인터넷, 즉 IoT는 어디까지나 만물인터넷의 시작이자 초연결 사회를 이루는 핵심인 것이 분명하다.

　우리나라는 IoT 분야의 경쟁력 강화를 위한 정책을 매년 수립하고 있다. 인터넷 신산업 분야의 주요 기술로 사물인터넷을 선정하기도 했고 차세대 육성 사업으로 늘 꼽히는 분야이기도 했다. 고양시를 비롯해 지역별 창조경제혁신센터는 4차 산업혁명에 대비한 사물인터넷 교육도 실시한 바 있고 IoT 기반 조성을 위한 행사를 개최하기도 했다. 그러나 계획에만 머물러 있을 뿐, 이렇다 할 실행이나 성과가 없는 편이었다.

새 정부가 들어서면서 4차 산업혁명에 대비한 위원회가 발족되었다. 사물인터넷 분야 역시 여기에서 브레인스토밍 될 것이고 구체화된 서비스 확립을 위한 투자도 이어질 것으로 예상된다. 미국이 이미 구체화를 넘어선 단계라면 한국은 아직 걸음마 단계에 불과한 수준이다. 손자병법에는 '졸속이 지완을 이긴다'라는 말이 있지만 IoT를 포함한 4차 산업혁명에서는 늦을수록 돌아가라는 말이 앞서야 할 것이다. 진정한 강자가 되려면 기본에 충실하고 취약점을 보완하는 것이 우리가 우려하고 있는 리스크를 최소화하고 삶의 질을 높일 수 있는 방법이 아닐까. 유토피아는 결코 쉽게 이뤄지지 않는다.

사물인터넷이라는 분야는 파고 들면 파고 들수록 끝이 없다. 만물인터넷이 모든 것을 연결한다는 차원에서 바라보면 점차 새로운 키워드가 수면 위로 드러난다. 클라우스 슈밥이 언급한 초연결 사회와 만물인터넷이 이루는 커넥티드 홈은 스마트 도시를 이루는 근본적인 실체들이다. IoT는 이미 개인과 사물, 사물과 사물을 뛰어넘었다. 만물인터넷이라는 말이 생소해보일 수는 있겠지만 이제 우린 수많은 기기들과 연동이 되어 정보를 주고받는다. 빅데이터가 4차 산업 혁명의 기틀을 마련한다면 IoT 기술은 만물인터넷으로 진화해 스마트홈의 기반을 마련하는 핵심기술이 되었다. 스마트홈은 나아가 스마트도시를 이룬다. 우리가 미래를 상상하며 꿈꾸던 모습들이 이제 곧 현실이 될 것이다.

5화

은행도
인터넷 속으로

금융업계의 새로운 변화 그리고 진화

4차 산업혁명을 논할 때면 인공지능이나 자율주행 자동차, 로봇에 대한 주요 키워드를 수도 없이 언급하고 되풀이한다. IT 트렌드역시 이러한 키워드와 함께 끊임없이 변화하게 마련이다. 4차 산업혁명 속에 뿌리를 두면서 현실세계로 뻗어나간 분야들이 많기 때문에 미처 생각하지 못한 키워드도 존재할 수 있다. 특히나 국내에서는 4차 산업혁명이라는 키워드가 안착한 이후 많은 변화를 겪는 상황이고 산업 분야 역시 이에 대응하고 앞으로의 계획을 전면 수정하기도 한다. 또한 정권이 바뀌면서 4차 산업혁명 대비를 위한 대통령 직속 위원회가 생기기도 했다. 이번에는 앞서 언급했던 4차 산업혁명의 주요 키워드와 더불어 핀테크Fintech, Finance+Technology와 인터넷 은행에 대해 짚어보려고 한다.

어렸을 때 어머니께서는 영수증을 한데 모아놓고는 통장을 열어보시며 가계부를 쓰시고는 했다. 당시에는 인근에 은행이 없었기 때문에 집에서 버스를 타고 약 10분을 소요해서야 겨우 은행에 다다를 수 있었다. 돈을 입출금하기 위해 서류를 작성하고 모아둔 돈을 입금하거나 필요한 돈을 꺼내 사용해왔다. 전기세, 수도세 등 공과금을 낼 때도 마찬가지였다. 조흥은행, 한일은행 등 지금은 역사 속으로 사라져 버린 과거 은행들은 이제 명칭마저 어색하게 들린다. 짤랑대던 100원짜리를 하나둘 모아 돼지저금통이 묵직해지면 모아둔 돈을 꺼내 은행으로 달려갔다. 얼마 되지는 않았지만 통장에 기록된 돈의 액수를 보고 기뻐했던 과거의 내 모습. 생각해보면 지금은 참 많이도 변했다.

은행은 물론이고 빌딩이나 편의점 등 주변 곳곳에 설치된 ATMAutomatic Teller's Machine은 이제 우리에게 없어서는 안 될 필수적 기계가 되어버렸다. 통장 없이 카드 하나만으로도 입출금부터 계좌이체, 납부까지 모두 가능해졌으니 말이다. 신규 통장이나 증권, 오프라인으로 가능한 펀드 개설이 아니라면 ATM을 찾는 경우가 더 많다. 더구나 인터넷이 생기면서 온라인으로 대부분의 거래가 가능해졌으니 펀드 개설마저도 PC 앞에 앉아 편하게 진행할 수 있다. 이런 변화를 감안해보면 격세지감이라는 말이 제대로 실감된다.

우리나라에서 유선통신 인프라를 이용해 은행 업무를 처리하기 시작한 것은 오래된 일이다. 1988년 서울 올림픽이 끝난 직후라고 하니 약 28년 전 이야기다. 은행 거래 내역이나 다른 나라의 환율, 기본 예금이나 정기적금에 대한 문의를 안내원이 연결에 연결을 거쳐 알려주는 음성 서비스가 본격화되었다. 그 후 인터넷망이 전 세계적으로 보급되기 시작하면서 인터넷을 이용한 뱅킹 서비스도 시작되었다. 한국에서는 대략 2000년에 들어 대부분의 은행들이 인터넷 뱅킹 시스템을 구축했다. 인터넷은 더욱 발달했고 서비스 범위 또한 넓게 확장했다. 온라인 대출도 생겨났고 신용 카드 업무도 할 수 있으며 해외 송금도 편리하게 이용 가능해졌다. 인터넷 뱅킹은 PC를 사용하는 모든 사람들을 대상으로 한다. 이러한 인프라 안에서 생겨난 전자상거래는 인터넷 쇼핑몰의 탄생으로 이어졌고 소셜커머스가 각광을 받아 한동안 화제가 되기도 했다.

인터넷 뱅킹의 필수 요소는 바로 공인인증서다. 은행에 들러 상담원과 이야기를 하고 거래를 하는 행위가 온라인으로 가능해진 만큼 '나'라는 존재를 증명하고 신뢰할 수 있는 장치를 공인인증서가 대신해주게 되었다. 디지털 인감증명서라고 불리는 것도 이러한 이유에서다. 이 글을 읽고 있는 지금 어디선가 그리고 또 누군가 공인인증서를 이용해 은행 거래를 하고 있을 것이다. USB에 담거나 PC에 저장해 두고 사용했던 이 인증서는 어느새 모바일로 들어왔다. 모바일 시대가 도래하면서 우리는 더욱 간편하고 심플한 방법을 이용해 다양한 거래를 하고 있다. 계좌이체는 물론이고 실시간으로 주식 매매도 할 수 있다.

모바일을 이용한 간편결제

몇 년 전만 해도 핀테크라는 키워드가 온 세상을 뒤흔든 바 있다. 이는 IT와 금융이 하나로 융합된 것으로 소비자와 산업계의 변화를 촉발시켰다. 사실 국내에서는 금융규제와 그에 따른 정책, 금융 보안이라는 이유로 핀테크에 대해 그렇게 적극적인 환경은 아니었다. 하지만 우리나라의 금융 산업 성장세와 IT 강국이라는 면모를 고려해

보면 성장성은 분명히 존재했다.

해외로 잠깐 눈을 돌려보면 핀테크에 대한 관심은 남다른 듯하다. 해외 핀테크에 투자된 금액만 따져도 3조 원 이상이라고 한다. 중국의 경우, 알리바바그룹의 알리페이Alipay는 4억 명 이상의 고객이 사용하는 온라인 결제 서비스다. 애플사의 애플 페이Apple Pay는 2014년 10월 미국에서 첫 선을 보인 NFC 방식의 모바일 결제 서비스다. NFC는 근거리 무선 통신near field communication을 일컫는다. 약 10cm 이내의 아주 가까운 거리에서 무선 데이터를 주고받는 통신 기술로, 신용카드 결제 후 서명까지 해야 하는 불편함을 없앴다. 하지만 각 상점이 별도의 결제 단말기를 마련해야 하는 단점과 보안이라는 측면에서 문제점이 드러나기도 했다. 우리나라의 카카오는 LG CNS와 M-Pay의 솔루션을 기반으로 간편 결제 카카오페이를 2014년 9월 탄생시켰다. 카카오페이는 1년 후인 2015년 9월 결제건수만 1천만 건이었다. 한편 네이버페이는 2015년 6월 출시되었다.

사실 알리바바그룹이나 국내 IT기업인 네이버와 카카오는 태생적으로 기술을 기반으로 한 기업들이다. 금융권도 아닌 곳에서 이처럼 핀테크를 기술에 엮어 서비스하는 경우를 일컬어 신생 핀테크emergent fintech라 한다. 금융위원회에서는 '혁신적 비금융기업의 금융서비스 직접 제공'을 신생 핀테크라고도 했다. 모바일 뱅킹은 물론이고 신용

카드의 온라인 결제 방식은 소비자의 거래 습관과 인식 자체를 바꾸고 소비 트렌드에 이어 온라인 결제 시장의 변화를 불러일으켰다. 이때문에 해외 각국 정부는 핀테크 서비스에 대해 지속적으로 투자하고 있고 투자 규모 역시 꾸준히 상승세를 보인다.

특히 영국은 핀테크 분야 강국으로 익히 알려져 있고, 특히 런던은 핀테크의 성지라고 부를만 하다. 영국의 핀테크 산업은 2008년 전세계 금융위기를 겪은 이후 더욱 탄탄하게 변모해왔다. 정부의 적극적인 지원은 물론이고 금융 서비스 경쟁력과 더불어 소비자들의 보호를 위한 규제 환경 조성이 발판이 되었다.

한국 최초의 인터넷은행이 문을 열다

2015년 대한민국의 금융업계는 어마어마한 변화가 예고되었던 바 있다. 한국 최초의 인터넷은행인 '케이뱅크'의 탄생이 가까워진 것이다. 금융권은 물론이고 관련 업계가 이를 주목했다. 자본금 160억 원으로 케이뱅크 준비 법인이 설립되었고 KT와 우리은행 등 무려 21개사가 주주로 약 2천 500억 원의 유상증자를 실시했다. 인터넷은행은 일반 은행이 평일, 그것도 영업시간에만 거래할 수 있다는 것을 뒤집은 서비스로 24시간 365일 내내 사용자들을 위한 뱅킹서비스를 제공한다. 영업점이 없으니 비용도 줄일 수 있고 일반 은행과는 다른 금리를 적용받을 수 있다. 예금금리는 보다 높고 대출금리는 보다 낮은 형태라 사용자들에게는 큰 매력으로 작용했다.

케이뱅크 이후에도 새로운 인터넷은행을 열기 위한 준비는 계속되었다. 2015년 11월 금융위원회는 '인터파크가 주도했던 I뱅크는 탈락했고 카카오와 KT만 예비인가를 받는다'고 발표했다. 카카오뱅크 컨소시엄은 한국투자금융지주가 주도했고 케이뱅크 컨소시엄은 KT가 주도했다. 예비인가 심사는 금융위원회 외부평가위원회의 각 분야별 전문가가 3일간 합숙하며 진행되었다. 외부 민간 위원은 금융, 법률, 소비자, 핀테크, 회계, IT보안, 리스크 관리 분야에 속한 사람들이다. 1992년 평화은행 이후 은행 설립인가가 나오기는 23년 만이다. 수십 년 만에 생기는 신규 은행이라는 이유만으로도 화제를 모으기에 충분했다.

케이뱅크는 2016년 1월 자본금 160억 원을 가지고 준비 법인으로 설립되어 2017년 4월 3일부터 영업을 시작했다. 케이뱅크는 영업 개시일 첫날 고객 약 2만여 명을 확보했고 출범한지 한 달도 되지 않아 20만 명 이상의 고객을 유치했다. 애플리케이션을 다운로드하여 회

케이뱅크
케이뱅크는 한국 최초의 인터
넷은행으로, 영업점에 직접 방
문하거나 영업시간 내에 업무
를 봐야 하는 불편을 해소했다.
출처: 케이뱅크 홈페이지
(www.kbanknow.com)

원 가입을 누르고 전화 인증과 휴대폰 인증, 신분증 인증을 거치면
손쉽게 가입이 가능하다. 회원가입에 걸리는 시간은 사람에 따라 다
소 상이할 수 있지만, 비교적 짧고 간단한 편이다.

케이뱅크는 2017년 5월 중순 기준으로 가입자는 30만 명 이상, 수
신액은 총 3천8백억 원 수준으로 나타났다. 올해 연간 수신受信 목표
액이 5천억 원임을 감안하면 대단한 수치가 아닐 수 없다. 은행이 자
산을 확보하기 위해 고객으로부터 자금을 조달하는 것을 수신이라
말하고 고객들의 돈을 통해서 수신액을 만드는데 이를 예금 수신액
이라 한다. 이 금액은 대출을 통한 은행의 수익으로도 이어지기 때문
에 은행의 활발하고 원활한 운영을 위해서라면 매우 중요한 숫자다.
사실상 케이뱅크는 출범과 동시에 기대 이상 그 능력을 발휘했다. 결
국 시중은행과 제2금융권까지 케이뱅크의 영향을 받아 대출금리를
낮추고 있어 '메기효과catfish effect'라는 말까지 튀어나오기도 했다.

메기효과

정어리라는 생선은 식감이 매우 좋아서 가격 또한 비싸지만 먼 바다에서 항구까지 오는 시간을 견디지 못해 대부분 죽고 만다. 그런데 이들을 활어 상태로 데리고 올 수 있는 방법이 있었으니, 그게 바로 메기다. 메기는 정어리의 천적으로 같은 곳에 모아두면 정어리들이 메기를 피해 달아나고는 한다. 살기 위해 열심히 움직여대니 활어 상태로 도착할 수 있다는 것이다. 즉, 메기와 같은 강력한 경쟁자가 다른 경쟁자들의 잠재력을 끌어올리는 효과를 두고 메기효과라 한다.

케이뱅크가 출범한 이후 2개월의 시간이 지나가는 동안 카카오뱅크 준비법인은 케이뱅크를 예의주시해왔다. 케이뱅크가 가진 장점을 더욱 고도화하고 허점이 보이는 부분들은 최대한 보완하여 더욱 강력한 서비스를 예고하기도 했다. 국민 모바일 메신저 카카오톡 4천만 명의 사용자들을 등에 업고 출범하는 것이니 케이뱅크 이상의 활약을 보일 수도 있다는 예측도 있었다. 카카오의 코스피 이전과 카카오뱅크 출범으로 인해 카카오 주가도 연일 상승세를 보여왔다. 언론 역시 카카오뱅크에 '더욱 강한'이라는 표현을 붙여 기사화하기도 했다.

카카오뱅크는 국내에서 두 번째로 출범한 인터넷 전문 은행이었고 2017년 7월 27일 세상 밖으로 나와 소비자들에게 안겼다. 카카오뱅크는 케이뱅크와 다르게 전용 ATM 없이 출발선에 섰지만 전국 ATM을 통해 입출금 및 송금이 가능하도록 했다. 또한 카카오톡의 캐릭터를 넣어 체크카드를 발행하기도 했다. 카카오뱅크 역시 케이뱅크와 유사한 절차에 따라 가입만 하면 손쉽게 진입할 수 있었다. 카카오뱅크는 모바일로 간편한 절차만 밟으면 대출도 받을 수 있었는데 수많은 사람이 몰리면서 대출은 물론이고 상품 조회에도 상당한 시간이 소요되기도 했다. 카카오뱅크는 출범 당시 수신 금액은 2조를 넘었고 여신금액은 약 1조 6천억 수준이었다. 2017년을 마감하는 12월에는 수신금액이 2배 이상 불어나 약 5조 원에 달했고 여신금액 또한 약 4조 6천억 원 이상이 되었다. 카카오뱅크는 2017년 9월 5천억 원 규모의 증자를 통해 자본금을 늘리면서 한차례 총알을 확보하기도 했다. 이는 높은 금리 혜택과 대출 여력을 확대하는 방안이었는데 2018년 3월 8일 다시 같은 금액의 유상증자를 결정해 화제가 되기도 했다.

유상증자가 결정되고 실제 이루어지면 카카오뱅크 자본금은 1조 3천억 원 규모로 늘어난다. 카카오뱅크의 지분 10%를 보유한 카카오는 카카오뱅크의 성장세와 함께 기업가치가 동반 상승하기도 했다. 카카오는 자신이 보유한 캐릭터 사업 이외에도 카카오 드라이버나 카카오택시 등의 O2O 사업, 로엔엔터테인먼트를 통한 음원 및 콘텐츠 사업과 더불어 카카오뱅크를 통한 전략적인 연계사업에 있어서도 꾸준히 고민할 것으로 보인다. 카카오뱅크와 마찬가지로 케이뱅크 역시 유상증자를 추진하고 있고 이로 인해 자본을 마련할 것으로 예측된다. 이처럼 인터넷전문은행이 급성장하니 시중은행들 역시 대출 금리는 최대한 낮추고 사용자들의 이목을 집중시킬만한 애플리케이션 개발에도 채찍질을 가하고 있다.

케이뱅크와 카카오뱅크 모두 시중은행보다 편리하고 간단한데다가 금리마저도 좋으니 매력적이긴 하지만 이들에게도 넘어야 할 산은 존재하고 있다. 케이뱅크의 경우, 예금이나 적금으로 마련한 수신액으로 자본에는 문제가 없다고 언급한바 있다. 금리가 낮은 편이니 대출은 어마어마하게 늘어나고 있는 추세고 여기에 주택담보대출 상품까지 불이 붙게 되면 창고가 텅텅 비어버리는 리스크가 현실화될 수 있다. 물론 케이뱅크도 자원을 마련하기 위한 유상증자를 추진하고 있고 인터넷전문은행으로 출범하기 이전부터 어느 정도 예상하고 계획했던 것일 수 있다.

다만 유상증자시기를 앞당기는 것은 다소 문제가 있을 수 있다는 목소리가 존재한다. 케이뱅크는 대주주가 KT인데 비금융회사가 은행 지분을 4% 이상 보유할 수 없는 은산분리 원칙에 위배된다. 은산분리란 비금융주력자, 즉 KT나 카카오의 산업자본이 은행 지분을 최대 4%까지만 보유할 수 있도록 한 규정인데 금융위원회 승인을 얻는다는 전제하에 최대 10%까지 보유 가능하지만 4% 이상은 의결권이 없다. 현재 KT의 케이뱅크 지분은 8%다.

로보어드바이저의 탄생

우리나라의 인터넷전문은행과 각 전문가들이 자주 언급하는 해외 사례가 바로 미국 최대 인터넷전문은행인 찰스 슈왑Charles Schwab이다. 인터넷전문은행임에도 지점이 존재하는데 온라인에 익숙지 않거나 온라인과 오프라인 모두 이용할 수 있도록 사용자의 취사선택을 존중하는 것이 이들의 장점이라 할 수 있겠다. 더구나 그들이 도입한 온라인 자산관리 서비스 로보어드바이저Robo-Advisor는 운용자산을 관리하고 추천종목과 포트폴리오에 대한 조언도 해주는 등 4차 산업혁명에 발맞춘 AI 서비스도 하고 있다. 이 시스템은 이용자의 성향을 파악하고 데이터를 쌓아 다시 이용자에게 추천하는 방식이다.

찰스 슈왑과 같이 국내에도 로보어드바이저 기술을 구현해 실제 사용자들에게 포트폴리오를 구성해주고 투자 상황을 모니터링 하는 등 체계적으로 자산을 관리해주는 시스템을 제공하고 있다. 로보어드바이저라 하면 로봇을 의미하는 단어인 '로보Robo'와 자문 전문가를 의미하는 '어드바이저Advisor'가 합쳐져 만들어진 합성어다. 투자자가 입력한 투자 성향 정보를 알고리즘으로 활용하고 개인의 자산 운용을 자문도 해주고 관리까지 해주는 똑똑한 자동화서비스라고 보면 된다. 이러한 기술 역시 빅데이터를 기반으로 활용되며 머신러닝으로 인해 데이터를 조합하고 익히며 학습도 한다.

포트폴리오를 구성해 제공하는 것 역시 꽤 매력적으로 보일 수 있다. 개개인별로 투자 성향이 모두 다른 편인데 이를 투자자 입맛에 맞게 상품을 구성한다. 펀드와 같은 상품을 매매해 적금처럼 활용하고자 시중은행의 펀드 상품을 검색할 때 이와 유사한 성격의 서비스가 존재하기도 했다. 나의 투자 성향과 투자 금액 등을 입력하면 거기에 맞는 펀드 상품이 검색 결과로 노출되어 투자를 위한 참고 용도로 활용 가능했다. 그에 비하면 로보어드바이저는 몇 단계나 상위에 있는 업그레이드 버전으로 이해해도 무방하겠다. 사람의 주관적인 판단이나 개입이 최소화되었고 사람을 로봇이 대신하는 셈이니 비용 절감은 고스란히 수수료 인하로 작용한다.

미래에셋대우 로보어드바이저
미래에셋대우가 만든 온라인 자산관리 서비스, 로보어드바이저
출처: 미래에셋대우(www.miraeassetdaewoo.com)

2015년 금융투자협회가 발표한 자료에 따르면 2020년까지 로보어드바이저 시장이 무려 열여덟 배나 성장할 것으로 전망하기도 했다. 또한 로보어드바이저가 관리하는 자산만 해도 2천억 달러에 이를 것이라는 예측도 있었다. 우리나라는 미래에셋대우의 로보어드바이저를 비롯해 KB국민은행의 로보어드바이저 서비스인 케이봇 쌤[KBot SAM]이 출시되어 투자자들과 만났다. 비대면 출시로 투자금이 10만 원 이상이면 자산관리 서비스를 받을 수 있다.

이렇게 훌륭한 '작품'인데 논란이 없었을까? 로봇이 대신하는 세상은 4차 산업혁명에서 예측했던 리스크이지만 현실화가 되려면 어느 정도 시간이 걸릴 것으로 내다봤다. 하지만 경력이 얼마 되지 않는 투자자문가들이 로보어드바이저의 탄생으로 인해 실제 고객을 빼앗겼다는 조사 결과도 있었다. 사람을 대신하는 로봇의 탄생이 현실화되었다고 해도 과언이 아니다. 또 한 가지 문제점으로 부각된 것 중 하나는 로보어드바이저가 추천하는 상품들이 기존의 자문사의 펀드 상품들로 구성되어 수많은 투자자들을 개별적으로 대응하기에 다소 무리가 있다는 점이었다. 로보어드바이저를 개발해 서비스하는 업체들이 기존의 투자 상품들을 제시하도록 프로그래밍을 한다든지 상품의 다양성이 미비한 경우 서로 다른 투자자들에게 보이는 상품들이 대동소이할 수 있다는 점도 문제가 될 수 있다.

핀테크가 넘어야 할 산

과거로부터 이어진 금융 서비스의 진화는 현재에 이르기까지 사용자들을 위해 더욱 보완되고 트렌드에 발맞춰왔다. 핀테크와 간편결제의 탄생은 소비자의 습관을 변화시켰고 시장의 환경 또한 크게 뒤바꾸는 계기로 작용하기에 충분했다. 소비 트렌드는 물론이고 우리가 실제 돈을 지급하는 방식이 이전에는 상상도 할 수 없을 정도로 간편하게 변화한 셈이다.

우리가 손꼽아 기다려왔던 인터넷전문은행의 탄생은 또 어떤 변화를 가져왔을까. 사람들은 누구나 싼 가격에 상품을 사고 보다 비싼 가격에 팔기를 원한다. 그래야 수익이 나기 때문이다. 당연한 이치고 불변의 진리다. 금융 투자나 예금금리 또한 그렇다. 대출금리는 보다 낮고 예금금리는 보다 높으면 이를 따라갈 수밖에 없다. 그리고 그들이 보여주는 '금리에 나타나는 숫자'는 사용자 입장에서 거부할 수 없는 매력적인 존재가 아닐까. 물론 산업과 금융의 벽을 허무는 은산분리 완화부터 인터넷전문은행과 시중은행이 상생할 수 있는 올바른 개선책도 필요해 보인다.

금융업계의 변화는 인터넷전문은행 뿐이 아니었다. AI 서비스를 접목시킨 금융 투자의 새로운 모험은 어쩌면 비대면 서비스의 신성장 동력의 계기가 될 수도 있을 듯하다. 로보어드바이저의 탄생은 금융업계에 있어 엄청난 변화를 불러일으킬 수 있는 잠재력을 지녔다. 로보어드바이저의 위기 검증과 문제가 될 수 있을만한 부분들은 반드시 개선이 되어야 한다. 이처럼 우리가 넘어야 할 산은 아직도 많이 존재하고 있다. 변화를 이루고 우리가 원하는 라이프스타일을 꾀하려면 머리를 맞대고 다각적인 고민을 해야 한다. 그렇게 혁명을 이루고 혁신이 도래할 것이다.

PART 2

인공지능,
현실 세계에
등장하다

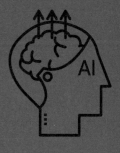

1화

누구나 아이언맨처럼
인공지능 비서를 둔다면

기계와 대화하는 세상

4차 산업혁명 속에 자리한 산업 분야 중 가장 핫한 키워드는 아마도 인공지능일 것이다. 2017년을 뜨겁게 달구었던 가상화폐에 대한 이야기만큼 각 기업들은 인공지능 산업에 출사표를 던지고 각자의 AI 플랫폼을 구축했다. 인공지능 기술은 4차 산업혁명과 함께 우리 세상에 안착했고 지금도 열심히 진화하고 있다.

2017년 10월 12일 드니 빌뇌브Denis Villeneuve의 영화 〈블레이드 러너 2049Blade Runner 2049〉가 개봉했다. 리플리컨트라고 불리는 인조인간과 인간이 혼재되어 있는 2049년을 배경으로 하는 이 영화에서는 리플리컨트를 쫓으며 임무를 수행하는 블레이드 러너의 활약상과 함께 리플리컨트의 정체성 그리고 숨겨진 진실이 그려지고 있다. 무려 163분이나 되는 러닝타임에도 불구하고 여러모로 호평을 받은 이 작품은 평론가들의 높은 평점에도 관객 수 30만 명이라는 초라한 기록을 세워 다소 아쉬운 점을 남겼다.

사실 이 영화는 1982년 리들리 스콧Ridley Scott의 연출로 제작된 바 있다. 무려 36년이나 된 영화다. 당시 데커드 역을 연기했던 해리슨 포드의 40세 시절이 떠오른다. 영화에는 데커드가 손 하나 까딱하지 않고 음성만을 이용해 영상을 분석하는 장면이 등장한다. 이러한 모습은 미래를 배경으로 하는 대다수의 작품들 속에서도 종종 연출되었던 시퀀스라 하겠다.

가령 로버트 다우니 주니어Robert Downey Jr. 주연의 〈아이언맨Iron Man〉에서 주인공인 토니 스타크가 인공지능 시스템 자비스를 불러 자질구레한 일을 시킨다던지, 스파이크 존즈Spike Jonze의 〈그녀Her〉에서 주인공이 사만다라는 이름의 운영체제와 대화를 하는 것과 마찬가지로 우린 이미 도래한 4차 산업혁명 속에서 인공지능을 상대로 목소리로 대화하고 소통하기에 이르렀다. 굳이 키보드를 쳐가며 입력하는 행위가 없어도 인간과 인공지능 간 커뮤니케이션이 가능해진 것이다. 영화 속이니까 가능했던 일들이 지금 우리 세상에서 일어나고 있다.

"편견 없이 설계된 AI는 함정에 빠지지 않는다"

한 가지 사례로 미국의 45대 대통령 선거를 살펴보자. 잘 알다시피 2016년 11월 8일 있었던 미국 대선에서 공화당의 도널드 트럼프가 45대 미국 대통령으로 당선되었다. 여론조사, 언론사 심지어 도박사까지 모두 힐러리 클린턴Hillary Clinton의 당선을 예상했다. 하지만 제닉 AIGenic AI가 개발한 인공지능 모그Mog는 SNS에서 돌고 도는 약 2천만 건의 정보를 수집하고 분석해 도널드 트럼프의 당선을 예측했다. 빅데이터라고 불리는 정보들을 한 데 모아 AI가 분석했고 보다 예리하게 당선을 예측한 사례다. 무심코 지나쳐버린 SNS의 댓글들이나 사람들의 숨겨진 반응들을 한꺼번에 파악했다는 점에서 주목해볼만하다. 사실 모그의 예상은 이번뿐이 아니었다. 2004년에 개발된 이 로봇은 41대 대통령이었던 조지 부시George Bush 이후로 모두 네 번이나 대선 결과를 정확하게 맞췄다. 모그의 개발자이자 제닉 AI 창립자인 산지브 라이Sanjiv Rai는 이렇게 말했다.

"편견 없이 설계된 인공지능은 절대로 함정에 빠지지 않는다. 이번 대선은 인공지능 영역의 새로운 혁명이다."

결국 우리가 흔히 봐왔던 여론조사는 한방 먹은 셈이 되었고 여론조사가 자랑하는 신뢰도 측면에서도 빈틈을 보이게 되었다. 제닉 AI는 인도계 스타트업으로 신생 벤처기업이다. 모그라는 이름은 〈정글북The Jungle Book〉이라는 동화 속 주인공 모글리Mowgli에서 따온 이름인데 '환경'을 통해 배운다는 측면에서 모글리의 모습을 떠올렸다고 한다.

2016년 3월, 이세돌 9단과 구글 딥마인드Google Deepmind가 개발한 알파고AlphaGo의 바둑 대결이 있었다. 이는 사람과 인공지능의 전면 승부이자 역사에 길이 남을 세기의 대결로 화제를 모았다. 최종 전적은 4승 1패. 알파고는 예상을 깨고 현존하는 최고의 인공지능으로 등극했다. 프로 명예단증까지 수여받은 알파고는 2017년 5월, 당시 바둑 세계 랭킹 1위였던 중국의 커제柯洁 9단과 맞붙어 전 세계가 다시 한 번 주목했다. 결과는 알파고의 승리. 우리는 또 다시 인공지능의 강력함을 두 눈으로 확인할 수 있게 되었다. 구글 딥마인드는 알파고의 알고리즘을 활용해 헬스케어 분야와 신약 개발, 기후 변화 예측,

AlphaGo Zero: Learning from scratch

알파고 제로의 목표
딥마인드 홈페이지에
"Learning from scratch(아무
런 사전지식 없이 학습하다)"
라는 문구가 적혀 있다.
출처: deepmind.com

무인 자율주행차 등 사회 각 분야로 확대한다고 밝혔다.

독학을 통해 기존의 알파고를 압도하는 실력을 탑재한 알파고 제로AlphaGo Zero는 구글 딥마인드가 공개한 새로운 버전의 인공지능이다. 신기한 것은 오로지 바둑의 규칙만 인지하고 있을 뿐인데 스스로 학습을 하고 자신과의 싸움으로 승리의 가능성을 높이기 위한 데이터를 쌓는다고 한다. 인간이 수차례의 실패와 오답을 바탕으로 공부를 하고 이를 통해 강화된 학습을 하듯 알파고 제로가 그 능력을 수행한다.

바둑의 룰만 기본으로 탑재하고 있을 뿐 그 이외 사전 지식이 없다zero는 이유로 제로라는 수식어가 붙었다. 이세돌과 격돌했던 알파고 버전은 알파고 리AlphaGo Lee다. 알파고 제로는 알파고 리와 대국하여 백 번의 승부에서 모두 승리했다. 2017년 5월 중국의 커제 9단과 맞붙었던 알파고 버전은 알파고 마스터인데 알파고 마스터 역시 알파고 제로를 상대로 하여 백 번의 대결 중 단 열한 번 승리했을 정도다. 바둑은 단 한 가지 사례일 뿐이다. 알파고 제로 같은 존재가 바둑이 아닌 다른 무언가 접목시키게 된다면 그 영향력은 어마어마할 것으로 예측된다.

스피커 모양의 개인 비서

AI는 4차 산업혁명에서도, 그리고 관련 업계에서도 가장 핫한 키워드다. 우리나라 대표 통신사인 SK텔레콤을 비롯해 네이버와 카카오, 구글 등 국내외 IT 기업 역시 AI 시장에 뛰어들어 사용자들을 위한 서비스에 박차를 가하고 있는 상태다. 인공지능이 탑재된 스피커의 경우 사람과 대화를 하면서 업무를 처리해주는 개인 비서의 역할을 하고 있다. 애플Apple의 시리Siri나 삼성전자 갤럭시의 S보이스를 생각하면 아마도 이해가 빠를 것이다. 토니 스타크가 자비스를 부르듯, 아이폰의 시리를 불러내 휴대폰의 기능을 실행하도록 지시하는 행위. 이처럼 우리의 목소리를 명령어로 인식해 알아서 실행해주는 서비스가 바로 음성인식 AI다.

SK텔레콤으로부터 시작한 국내 시장의 AI스피커는 AI 업계 선점을 위한 선전포고였고 다른 업체들 역시 이 시장에서 우위를 다투기 위해 경쟁적으로 AI스피커를 제작했거나 개발 중에 있다. 그 중 몇 가지 제품을 살펴보자.

■ SK텔레콤의 인공지능 스피커 '누구'

SK텔레콤은 음성인식 스피커인 누구Nugu를 2016년 9월 국내 최초로 출시했다. 이 모델은 출시 7개월 만에 10만 대를 돌파했고 2차 모델 또한 세상 밖으로 나와 신고식을 마쳤다.

SK텔레콤의 누구가 처음 세상에 나왔을 땐 다소 제한적인 서비스만 가능했다. 멜론Melon을 통한 음악 감상이 가장 많이 활용된 서비스였으니 그저 스피커에 불과했지만 여기에 휴대폰과 연동해 이불 속에 감춰진 폰의 위치를 찾아낸다거나 폰에 기록해둔 일정을 읽어주는 기능 등으로 쓰였다. 또한 11번가나 Btv, T맵 등 SK의 브랜드가 붙은 계열사들의 다양한 서비스도 이용할 수 있도록 했으며 피자나 치킨 배달 등 생활 편의 기능도 추가했다. 더불어 YTN이 제공하는 뉴스도 들을 수 있다.

SK텔레콤은 원통형으로 생긴 누구의 디자인을 작고 귀여운 사이즈의 미니로도 출시했다. 약 219g이고 배터리가 탑재되어 공간의 제약 없이 사용이 가능하다.

인공지능 비서의 자리를 노리는 스피커

사람과 직접 대화하면 업무를 처리해주는 인공지능 스피커가 잇따라 출시되고 있다. (좌측부터) SK텔레콤
이 출시한 누구 미니, KT가 선보인 기가지니, 구글이 내놓은 구글 홈.
출처: nugu.co.kr, shop.kt.com, store.google.com

■ KT에서도 뒤따라 출시한 '기가지니'

SK텔레콤과 통신사로써 꾸준히 경쟁하는 KT 역시 마찬가지로 출사표를 던졌다. KT는 SK텔레콤보다 다소 늦기는 했지만 2017년 1월 AI 스피커와 인터넷TV를 한꺼번에 결합한 셋톱박스 기가지니Giga Genie를 출시했다. KT의 기가지니는 2017년 10월 판매량 30만 대를 넘어섰다. KT 역시 올레TVOlleh TV와 음악, 교통, 생활 정보를 제공하며 여기에 카메라까지 탑재해 홈 CCTV로 활용이 가능하다. 물론 홈 캠 서비스는 별도로 가입을 해야 한다. 더불어 KT는 오디오 전문 브랜드인 하만카돈Harman Kardon과 컬래버레이션 하여 고품질의 사운드

AI 스피커 경쟁 시대

AI 스피커 시장을 선점하기 위한 경쟁이 뜨겁다. (좌측부터) 애플이 만든 홈팟, 마이크로소프트의 인보크, 아마존 에코 닷.

출처: apple.com, www.microsoft.com, cnet.com

를 들을 수 있도록 개발되었다. 아이들 사이에서 인기가 높은 핑크퐁으로 '영어 따라 말하기'도 가능하다고 하니 교육적인 측면에서도 크게 한 몫 하는 셈이다.

■ 구글의 인공지능 비서 '구글 홈'

구글의 AI스피커 구글 홈Google Home은 2016년 10월 출시한 모델이다. 구글의 AI시스템인 구글 어시스턴트Google Assistant가 탑재된 스피커로 음성을 인식해 음악이나 일정, 메시지 전송, 와이파이, 조명 등 기본적인 기능들을 수행한다. 구글 어시스턴트는 2016년 5월 공개된 인공지능 비서 시스템으로 쌍방향 커뮤니케이션이 가능하다. 안드로이드와 더불어 iOS 운영체제에서도 활용이 가능한 서비스다.

■ 시리를 탑재한 애플 '홈팟'

AI 서비스에는 애플 또한 빠질 수 없는 영역일 것이다. 애플은 자사의 AI 서비스인 시리를 탑재한 홈팟Homepod을 선보인 바 있다. 애플의 시리는 자연어 처리를 기반으로 사용자가 질문을 하면 그에 따른 답변을 하고 웹 검색을 수행하는 iOS용 소프트웨어다. 본래 시리는 인공지능 프로젝트를 진행한 스타트업 SRI인터내셔널SRI International이 개발한 소프트웨어였는데 2010년 4월 애플이 인수를 하게 되고 2011년 아이폰 4S가 등장하게 되면서 세상에 널리 알려지게 되었다.

시리의 가장 큰 장점은 언어 지원이다. 전 세계적으로 이렇게 다국어 능력이 뛰어난 플랫폼이 있을까 싶을 정도다. 시리는 21개의 언어를 구사할 수 있는 능력을 지녔다.

애플이 내놓은 홈팟의 실체는 이미 공개가 되었으나 실제 공식 출시는 2017년 말로 예정되었다가 다시 2018년 1월로 미뤄진바 있다. 애플은 2018년 2월 9일 미국과 영국 그리고 호주에 홈팟을 내놓고 AI 스피커 경쟁시장에 뛰어들었다. 아마존의 에코나 구글 홈과는 달리 시리가 지원하는 음성인식 기술보다 오디오 시스템에 집중하여 고품질을 지원할 것이라고 한다. 애플의 A8 칩이 장착되고 우퍼가 탑재되어 있으며 영어와 중국어 등 다양한 언어가 지원된다.

아마존 에코나 구글 홈이 약 180달러와 129달러인 반면 애플의 홈팟은 349달러라고 하니 가격만으로 따지면 두 배에 가까운 수준이다. 스피커가 없는 집에서 애플의 스피커에 대한 구매 욕구가 있다면 충분히 지를만한 가치가 있다고 하니 눈여겨보면 좋을 것 같다. 단, 제품 호환성에 대한 제한적인 요소가 있어 아쉬운 부분으로 남는다.

■ 마이크로소프트의 AI를 탑재한 '인보크'

KT의 기가지니가 선택한 오디오 하만카돈은 최근 삼성전자가 인수한 오디오업체다. 하만카돈 역시 마이크로소프트의 AI를 선택해 AI 경쟁구도 안에 뛰어들었다. 마이크로소프트의 인공지능 코타나 Cortana는 2014년 4월 발표된 AI 개인비서로서 마이크로소프트의 윈도우폰용으로 제작된 것이며 게임 시리즈 〈헤일로Halo〉에 등장한 히로인에서 이름을 따왔다고 알려져 있다. 하만카돈과 마이크로소프

트가 손을 잡아 코타나를 탑재하고 출시하게 될 AI 스피커의 명칭은
인보크Invoke다.

■ AI 스피커 시장의 강력한 선수, 아마존 에코

아마존닷컴 역시 AI 스피커 경쟁 시장에서 강력한 존재감을 과시
한다. 아마존amazon은 제프 베조스Jeffrey Bezos가 설립한 미국의 IT기업
이다. 제프 베조스는 1964년생으로 프린스턴대학교 전기공학과를
졸업하고 1994년에 아마존닷컴을 설립한 기업가이자 투자자다. 아
마존은 전자상거래를 기반으로 도서와 전자책 킨들Kindle 등을 제조하
고 판매하던 곳이었으나 패션과 장난감 심지어 기업형 클라우드에
이르기까지 다양한 서비스를 제공하는 IT기업으로 몸집을 불려나가
세계 최대의 온라인 커머스 업체로 진화했다. 아마존의 로고를 자세
히 보고 있으면 아마존이라는 텍스트 아래 웃고 있는 듯한 모양의 화
살표가 보인다. 이 화살표가 가리키는 알파벳을 보면 a에서 z로 이어
지는 것을 확인할 수 있다. '아마존에서는 a부터 z까지 모든 물건을
구입할 수 있다'는 의미가 함축되어 있다. 아마존닷컴이 가진 콘셉트
와 잘 맞아떨어지는 절묘한 디자인이다.

없는 게 없다는 아마존은 음성인식으로 작동되는 스피커도 세상에 내놓았다. 아마존 에코라 불리는 이 스피커는 2014년 전 세계 최초로 탄생한 AI 스피커다. 아마존의 AI 스피커 에코는 알렉사Alexa라 불리는 두뇌를 탑재하고 있다. 아마존 에코는 2016년 누적 판매 기준으로 무려 1천만대 이상이 팔려나갔다.

아마존의 태생과 기반 자체가 전자상거래에 있었으니 알렉사 역시 온전히 전자상거래를 위한 AI 비서의 운명을 띠고 탄생한 셈이다. 하지만 그 자리에 머무르기엔 그 잠재력이 어마어마했다. 아마존은 알렉사에 기술력을 더해 고도화시키게 되었고 잇따르는 튜닝을 거쳐 더욱 매력 넘치는 인공지능으로 거듭나게 되었다.

LG전자와 폭스바겐 등 국내외 각 업체들이 알렉사의 놀라운 기능을 탐내기 시작했다. 냉장고와 같은 가전이나 차량 등에 음성비서로 탑재되면서 더욱 각광받게 되었다. 중국의 화웨이Huawei 역시 자사의 스마트폰인 메이트9Mate9에 알렉사를 탑재했다. 에코는 미국 내에서도 인기 있는 디바이스로 자리매김했고 전 세계 AI 스피커 시장 점유율 1위를 지키고 있다. 미국 내 점유율만 해도 무려 70%를 넘는 독보적 존재이며 '알렉사'를 담당하는 인원은 수천 명에 이른다고 한다. 그만큼 아마존은 AI 스피커 시장은 물론이고 AI 기술을 보다 정교하게 개발하고자 집중하고 있는 것으로 보인다. 알렉사는 세계 최대의 전자쇼인 2017 CES국제전자제품박람회, The International Consumer Electronics Show에서 다른 업체가 생산한 제품에 탑재되어 강력한 존재감을 과시했다. 아마존의 알렉사는 자신들의 효자노릇을 톡톡히 하게 될 기특한 서비스로 거듭나게 되었다.

아마존은 2017년 신제품 2세대 에코를 출시했다. 이번엔 하나의 제품이 아니라 다양한 '제품군'을 선보였다. 기존 에코 스피커보다 몸집을 줄이고 디자인을 대폭 개선한 뉴 에코New Echo, 홈 허브 역할을 해주는 에코 플러스Echo Plus, 디스플레이가 탑재된 에코 스팟Echo Spot, 알렉사와 호환되는 게임에 사용될 에코 버튼Echo Button이 그 제품군에 속한 모델이다.

이처럼 수많은 가전업체와 통신업체들이 AI 스피커에 열을 올리고 있다. 하지만 명확한 수익 모델이 없어 투자만 존재하고 있을 뿐 투자 수익률이나 손익 분기점을 따질 수 있는 수준이나 환경은 아니다. 결국 각 기업들이 투자를 하는 것은 맹목적으로 보일 순 있으나 온전히 시장 선점을 위한 경쟁이며 향후 먹거리가 될 수 있기 때문이다. 다만 사용하는 사람들의 비중이 낮은 것은 사실이다. 뉴스를 제공하는 참여 언론사들도 있기는 하지만 예상대로 AI 스피커는 음악 활용이 가장 높다.

AI 스피커가 정말 필요할까 의심을 가질 만도 하다. 모바일로 뉴스를 보고 게임을 하고 음악을 듣는 모바일 시대에 TV의 수많은 채널이 다양한 프로그램을 제공하고 있는 와중에 AI 스피커는 부수적인 존재다. 말하자면 없어도 그만인 것. 그럼에도 불구하고 AI 스피커는 음성을 인식하고 실행하는 AI의 두뇌를 고도화시키고 꾸준히 학습을 실행해야 경쟁력이 생기고 사용자를 확보할 수 있다. 일부 업체들이 AI 스피커와 AI의 주축을 이루는 모듈 개발을 일부러 늦추는 케이스도 여기에 포함될 수 있다. 대동소이한 차이점을 보이는 스피커를 디자인만 바꿔 출시한다고 해도 지금 경쟁시장에서 살아남기는 힘들 것으로 보인다. 그렇기에 후발주자일수록 보다 많은 것을 준비하고 경험해봐야 피 튀기는 전쟁터에서 살아남을 수 있으니까 말이다.

쉽게 뛰어들 수 없는 경쟁

우리나라의 포털 업체인 네이버와 카카오 모두 AI 서비스를 위한 모듈 개발과 서비스 고도화에 집중하고 있다. 물론 두 업체 모두 AI 스피커를 출시해 경쟁 시장에 뛰어들었다.

■ 딥러닝과 음성인식을 종합한 네이버

지난 5월 출시된 네이버의 클로바Clova는 별도의 애플리케이션을 탑재해야 실행이 가능하다. '나 배고파'라고 말하면 근처 음식점을 지도와 함께 보여준다. 원하는 음악을 재생하는 것은 물론이고 외국어 번역도 해준다. 외국어 번역은 인공신경망 기술이 녹아든 파파고papago가 적용되고 있다. 파파고는 에스페란토Esperanto어로 앵무새를 의미한다. 클로바는 프로젝트J에서 출발한 하나의 프로젝트였다. 네이버랩스와 LINE의 AI 연구소의 공동작업에서 기원하는 프로젝트J는 네이버의 음성인식 AI 플랫폼 아미카Amica를 더욱 업그레이드한 버전으로 보면 된다. 아미카는 네이버가 개발하고 있는 현재진행형 인공지능 대화 시스템으로 2016년 10월 24일 공개된 바 있다. 인간의 신경망을 닮은 기계학습 기술, 즉 딥러닝과 음성인식 기술이 종합된 시스템으로 목소리와 텍스트로 컴퓨터와 커뮤니케이션한다. 클로바는 네이버가 대표하는 인공지능 모듈이자 장차 튼실한 효자노릇을 하게 될 것 같다.

라인주식회사에서 내놓은 AI 스피커 웨이브Wave에도 클로바가 탑재되었다. 출시 초반에는 일본에서만 예약 판매 되었는데 한참 달궈

네이버의 인공지능 서비스,
클로바(Clova)

클로바는 네이버랩스와 LINE의
AI 연구소가 함께한 공동작업에
서 기원하는 프로젝트였다.
출처: clova.ai

진 한국 시장보다 그나마 덜한 일본에서 시장을 선점하기 위한 것으
로 보인다. 국내 출시를 미뤘던 것은 그만큼 담아야 할 것들이 많기
때문인데 이 또한 경쟁력을 키우기 위함이다. 이후 웨이브는 네이버
스토어를 통해 판매가 시작되었다. 네이버 뮤직과 연동되고 외국어
번역도 가능하며 실시간 검색도 해준다.

네이버는 2017년 10월 26일, 클로바를 탑재한 '프렌즈'를 출격시켰
다. 웨이브의 전형적인 외형과 달리 라인 프렌즈 캐릭터를 담아 작고
귀여운 모습으로 탈바꿈했다. 400g도 되지 않는 가벼운 무게로 이동
성까지 확보했다.

네이버의 AI는 뉴스 분야와 큐레이션 서비스에도 적용된다. 네이
버 모바일에서 구동되는 뉴스 중 에어스AiRS라는 기술은 AI 추천 엔진
으로 사용자들의 관심 분야를 파악해 원하는 콘텐츠를 보여주는 기
술이다. 공기Air와 같이 사용자들 곁에서 유용한 콘텐츠를 추천한다

는 이유로 에어스가 되었지만 실제 AI 추천 시스템AI Recommender System 을 줄인 말이다. 네이버의 개인 맞춤형 큐레이션 서비스, 디스코 DISCO 역시 AiRS 기술이 기반이 된다. 취향에 따라 호불호를 선택함에 따라 보여주는 콘텐츠 정보가 달라진다. 이 덕분에 다양한 콘텐츠를 확인할 수 있게 된다. 콘텐츠 뿐 아니라 나와 비슷한 취향의 사용자도 찾아주고 서로의 관심사를 공유할 수 있는 SNS 플랫폼이다.

■ 캐릭터로 강점을 가진 카카오

카카오는 인공지능 분야를 위해 카카오브레인이라는 이름의 자회사를 설립했다. 네이버의 네이버랩스와 같은 정체성을 띄고 있다. 카카오브레인에는 200억 원 수준의 자본이 투입되었다. 카카오를 키워낸 김범수 의장이 직접 맡고 있는 만큼 AI 시장에 대한 욕심이 남다른 것 같다. 카카오 AI는 국민 메신저 앱인 카카오톡, 포털 다음 등과 연동하여 사용할 수 있도록 개발되고 있다. 카카오 AI가 본격화되기 전, 개인 맞춤형 콘텐츠를 노출시키는 루빅스를 제공하기도 했다. 네이버의 AiRS와 유사한 형태로 네이버보다 앞서 적용되었다. 루빅스는 실시간 이용자 반응형 콘텐츠 추천 시스템Real-time User Behavior-based Interactive Content recommender System을 의미한다. 루빅스라는 말을 풀면 이

새로운 일상의 시작,

kakaomini

카카오의 음성인식 스피커,
카카오미니
카카오미니는 처음에 한정 수량
만 생산해 예약 판매에 들어갔
으나 인기에 힘입어 곧 추가 생
산에 들어갔다.
출처: kakao.ai

렇게 길지만 간단히 말해 이용자의 관심사를 지속 학습하고 가장 최
적화된 콘텐츠를 노출시킨다는 의미다. 깊게 파묻혀버린 콘텐츠도
사용자 반응에 따라 노출될 수 있다는 이야기다. 루빅스는 다음 뉴스
와 카카오톡 채널에도 동일하게 적용되었다.

이후 카카오는 AI 스피커 카카오미니Kakao mini로 다시 출발선에 섰
다. 기존 웨이브의 1차 모델이나 네이버 프렌즈보다 작고 가볍다. 더
구나 디자인적인 측면에서는 라이언이나 피치와 같은 카카오 캐릭
터가 절묘하게 조화를 이룬다. 단 전원이 있어야만 작동이 가능하다
는 점에서 다소 불편함 감이 없지 않지만 정해진 공간에서 사용자와
소통한다는 의미가 담겨있다고 한다. 카카오미니는 당초 3천 대라는
한정 물량으로 예약 판매를 실시했는데 어마어마한 인기를 모아 재
차 양산에 들어갔고 2017년 11월 7일 오전 11시 추가 판매를 실시했
지만 이마저도 9분만에 매진되는 사태가 이어지기도 했다.

카카오 AI는 카카오스피커를 '일부'라고 말한다. 일종의 소프트웨어 개발도구인 SDK^{Software Development Kit}를 만들어 아마존 알렉사나 네이버 클로바와 같이 카카오의 여러 서비스에 접목시켜 보다 많은 사용자들이 이용할 수 있도록 열심히 개발 중이라고 한다.

카카오의 인공지능은 카카오 아이^{Kakao i}라는 기술로 현대·기아차와 손을 잡았다. 음성형 엔진, 시각형 엔진, 대화형 엔진, 추천형 엔진 등 다양한 기술력이 모아진 카카오의 통합 AI 플랫폼으로 2017년 9월에 출시된 제네시스 G70에 적용되었다. 스티어링 휠핸들에 탑재된 음성인식 버튼을 통해 길안내나 주변 맛집, 정비소 등을 검색할 수 있다고 한다.

이처럼 네이버와 카카오는 외부업체와 협업하여 보다 나은 서비스를 확보하고자 다각적인 시도를 하고 있다. 카카오는 삼성전자, 네이버는 LG전자나 LG유플러스와 파트너십을 맺고 IoT 분야를 개척하고 있는데 일부 중소기업과의 컬래버레이션에는 다소 어려움이 있는 것으로 보인다.

포털사 입장에서는 외부 업체와 파트너십을 맺어 AI의 가치를 높여준다면 더할 나위가 없겠지만 예산에 어려움을 겪고 있는 일부 업체들에게는 모험이 될 수밖에 없다. AI 플랫폼이 경쟁시대에 돌입하기는 했지만 아직은 시기상조라는 말이 나오는 만큼 예측할 수 없는 사업에 비용을 투자한다는 것 자체가 회사의 기반을 흔들 수 있을 만큼 리스크로 작용할 수 있어서다. 이렇게만 보면 AI 사업은 아직 뚜렷한 먹거리라 하기에 무리가 있어 보인다.

또 하나의 경쟁자, 중국

중국의 IT기업인 바이두Baidu는 자체적으로 인공지능 로봇인 샤오두Xiaodu를 개발했다. 샤오두는 인공지능을 탑재한 로봇으로 얼굴 식별과 이미지 검색, 음성 식별까지 가능한 중국 기술력의 산물이다. 2017년 초 중국의 예능프로그램인 〈최강대뇌最强大脑〉에 깜짝 등장해 인간보다 월등한 능력을 선보여 화제가 되기도 했다. 중국은 구글의 알파고를 뛰어넘을 각오와 인력, 예산 모두 충분한 것으로 예측된다. AI 분야에서 출원한 특허로만 보면 미국에 이어 세계 2위 자리를 차지하고 있다.

중국의 스마트폰 제조 및 가전 개발 업체인 샤오미Xiaomi는 미Mi 스피커라는 이름의 AI 스피커를 출시했다. 샤오미의 브랜드 파워는 어마어마했다. 2017년 9월 26일 오전 10시 정식 판매를 시작했는데 불과 23초만에 모두 매진되었다. 대부분의 기능을 탑재하고 있으면서도 한국 돈으로 5만 원대에 불과하다. 더구나 샤오미의 제품군인 TV나 로봇청소기, 공기청정기 제어도 가능하다. 더구나 사용자가 명령하는 내용과 답을 입력해 기기 자체를 학습하도록 훈련시킬 수도 있다.

부지런히 움직이는 국내 스타트업

국내에서도 많은 스타트업이 인공지능의 딥러닝과 머신러닝 등 알고리즘을 활용해 서비스하는 사례들이 늘고 있다. 스켈터랩스skelter labs의 경우는 스마트폰, 가전제품, 자동차 등 다양한 기기에 적용할 수 있는 AI의 원천 기술을 연구한다. 이 곳 역시 머신러닝 기반의 챗봇과 같은 대화형 AI나 딥러닝으로 음성이나 소리를 인식하는 음성인식 기술을 집중 연구한다. 스켈터랩스의 조원규 대표는 IT 업계에서 꾸준히 활약해온 벤처 1세대로 불린다. 국내에서 정보통신기업인 새롬기술을 1993년에 창업하기도 했고 미국에서도 무료 인터넷 전화 제공 사이트인 다이얼패드라는 벤처기업을 꾸리기도 했다. 구글코리아 R&D 총괄사장을 역임한 바 있으며 2015년 스켈터랩스를 창립하고 다시 스타트업을 시작했다. 카카오브레인, 케이큐브벤처스, 롯데홈쇼핑 등으로부터 투자를 받기도 했다.

이와 더불어 관계형 인공지능이라 불리는 독특함과 유니크함으로 승부하는 스타트업도 있다. 스캐터랩Scatter lab은 인공지능 '핑퐁'이라는 서비스를 내놓고 기능형 인공지능을 더욱 고도화했다. 애플의 시리나 아마존 에코, SK텔레콤 누구와 같은 기능형 인공지능은 사람들의 명령어나 지시를 수행하고는 한다. '날씨를 알려달라'고 하면 오늘 비가 오는지 온도는 어떤지를 알려주고 '음악을 들려달라'고 하면 명령어에 맞는 음악을 들려준다. 하지만 핑퐁은 사람들과 세부적인 대화를 나누면서 실제 '사람과 소통'하는 형태로 진화해 서비스를 제공한다. 핑퐁은 사람의 채팅 데이터를 학습해 일상적인 대화의 문제를 풀게 된다. 사람과 사람 사이에서 주고받았던 약 30억 개의 메시지 형태에서 관계를 학습해 보다 많은 주제에 대해 대화를 나누도록 했다.

또 다른 사례가 있다. 한 번은 아파트에 설치된 엘리베이터를 탔는데 한쪽에 있는 모니터에서 주변 생활 정보와 함께 애플리케이션 광고가 흘러나왔다. 무려 인공지능을 활용한 토익 강습 애플리케이션이라고 해서 관심 있게 쳐다봤다. '산타 토익'이라는 불리는 이 앱은 교육분야 스타트업인 뤼이드Riiid에서 제공하는 것으로 문제만 지속적으로 풀면 토익 점수를 올릴 수 있다고 알려져 있다. 토익 문제

인공지능 기반의 교육 플랫폼, 뤼이드(Riiid!)
'산타 토익' 등으로 알려진 교육 분야 스타트업에서 인공지능에 기반한 플랫폼을 출시했다.
출처: riiid.co

를 풀이하는 응시생의 학습 및 풀이에 관한 성향을 분석하고 예측하는 딥러닝 알고리즘과 토익 강사와 콘텐츠 연구소를 통한 최신 경향 문제들을 토익 콘텐츠로 담아냈다. 뤼이드는 머신러닝 기반 맞춤형 문제 출제 알고리즘을 특허로 출원하기도 했다.

뤼이드의 장영준 대표는 뤼이드의 데이터 기술을 통해 교육 패러다임을 바꿀 수 있을 것이라고 했다. 2014년 설립되어 여러 차례 투자를 유치했다. 뤼이드의 어댑티브 러닝Adaptive Learning 플랫폼 기술은 '산타Santa!'이고 이 기술은 산타 토익Santa for TOEIC에 탑재되었으며 2016년 베타 서비스가 처음으로 공개되었다. 앞에서 언급한 어댑티브 러닝 기술은 사람이 모든 데이터에 대해 특징을 만들고 취향 분석 후 사용자들에게 맞춤형 콘텐츠를 추천하는 기술이다. 쉽게 말해, 개개인별로 취약한 부분을 보완할 수 있도록 만들어진 시스템이다. 내

네이버 스마트렌즈
딥러닝이 활용된 사례로 네이버 스마트 렌즈를
찾을 수 있다.
출처: 네이버 search & tech 블로그

가 틀렸던 문제를 오답노트로 모아서 완벽하게 숙지할 수 있도록 만들어낸 기술이라고 보면 좋을 것 같다. 더구나 나에 대한 분석 데이터를 AI가 확보하고 있으니 A 문제를 틀렸다면 A 문제와 유사한 B 문제로 틀릴 확률이 높을 것이라는 예측 하에 학습 커리큘럼을 구성한다. 이러한 기술은 머신러닝 알고리즘에 포함된다.

머신러닝과 딥러닝은 무엇일까? AI 기술을 말할 때면 늘 머신러닝과 딥러닝이 자주 언급된다. 머신러닝machine learning은 컴퓨터의 업무 처리 기술이 아니라 엄청나게 복잡한 알고리즘을 통해 수많은 데이터를 분석, 사용자의 패턴을 인식하고 예측한다. 패턴 인식 기능에서는 스스로 오류를 잡아내고 수정을 하면서 정확도를 높여간다.

딥러닝deep learning은 인간의 두뇌처럼 수많은 데이터 속에서 일정한 패턴을 발견, 사물을 구분하는 정보처리 방식을 모방한 것이다. 보통 인공 신경망을 기반으로 한다고 알려져 있는데 컴퓨터가 사물을 분별하도록 기계 학습을 시킨다. 이 기술은 사람이 굳이 판단할 수 있는 척도를 구현하지 않아도 컴퓨터 스스로 인지하고 예측하고 판단한다. '사람처럼 생각하고 배운다'로 함축할 수 있겠다.

네이버에서 서비스하고 있는 스마트 렌즈 기술이 바로 딥러닝이 활용된 케이스다. 스마트렌즈는 이미지 분석 기술을 활용한 것으로 네이버에서 자체 개발한 스코픽Scopic이 적용되었다.

마케팅에 활용되는 채팅로봇, 챗봇

인공지능과 메신저를 결합한 챗봇chatbot 역시 인공지능 분야에서 많이 언급되고 있는 편이다. 아는 사람이 얼마나 있을지 알 수 없지만, 과거 우리는 '심심이'라는 서비스를 통해 PC와 대화를 했다. 2000년대 초반에 등장한 심심이는 현재 챗봇의 초기 모델과도 같다. 말을 걸면 자동으로 응답을 해주니 사람과 대화를 하듯 채팅이 가능했다. 이는 정해진 답변을 일종의 룰에 따라 내보낸다. 사람이 특정 메시지를 입력하면 심심이와 같은 챗봇은 서버에서 알맞은 답변을 찾아 자동으로 피드백한다.

최근 챗봇의 기능이 카카오톡과 같은 메신저에도 탑재되어 각 기업들이 프로모션을 위해 활용하기도 한다. 롯데제과는 2017년 11월 11일 빼빼로데이를 앞두고 빼로라는 이름의 챗봇을 선보인 바 있다. IBM의 AI 대화 처리 기술을 적용해 사용자 친화적 대화 전개가 가능하다고 밝힌 바 있지만 실제 사용을 해본 결과 마케팅 용도라는 것이 금방 드러나 우리가 기대했던 챗봇의 기능으로선 다소 아쉬운 편이었다.

이 밖에 네이버는 라온LAON이라는 이름의 챗봇으로 경쟁구도에 뛰어들었고 마이크로소프트의 경우는 2015년 중국 시장에서 샤오이스Xiaoice라는 챗봇과 2016년 테이를 연달아 선보이기도 했다.

인공지능은 4차 산업혁명에서 가장 주요하게 다뤄지고 있고 최근 산업분야에서도 빼놓을 수 없는 핫한 키워드다. 최근 들어 AI 스피커가 본격적인 경쟁에 돌입해 다양한 업체들이 출사표를 던지고 있지만 스피커는 시작에 불과하다. 이제 스타트 라인을 끊게 된 AI 분야는 점차 사람들과 어색하지 않을 정도로 대화가 가능해질 것이다. 당장 어색하게 들릴 수밖에 없는 TTSText to speech 방식의 음성은 다기능을 위한 임시방편으로 이해해주면 좋을 것이다. 인간이 학습을 하면서 진화가 되어가듯, 기계 역시 음성 학습을 해야 TTS조차도 자연스러워 질 수 있는 것이니까.

인공지능 기술은 사람 대신 할 수 있는 일들이 무궁무진하다. 실제로 어제 있었던 야구 경기에 대한 기사도 쓰고 증권시장에서 벌어진 주식 종목의 주가를 분석하기도 한다. 심지어 암 환자를 위해 어떠한 치료가 가능한지 추천도 해준다. 생각해보면 우리가 소파에 앉아 굳이 움직이지 않아도 사용할 수 있도록 편리한 것들을 제공한다. 또 다른 측면에서는 우려의 목소리도 존재한다. 과하게 말하면 인간이니까 할 수 있었던 영역에 인공지능이나 로봇이 침범한다는 의미로도 해석해볼 수 있겠다. 결과적으로 4차 산업혁명에서 우려했던 일자리에 대한 고민이라든지, 인간이 만들어낸 인공지능을 인간이 이길 수 없다는 아이러니함은 '인간은 만물의 영역'이라는 고유한 의미를 퇴색시키는 듯한 느낌마저 든다.

말도 안 되는 소리라고 한다면, 물론 쓸데없는 걱정이라 할 만큼 완벽한 기우에 불과하겠지만 AI가 안착하는 그 언젠가 영화 〈터미네이터Terminator〉나 〈엑스마키나Ex Machina〉와 같은 디스토피아가 열리지 않기를 바란다. 그저 우리의 삶에 무궁무진한 편리함을 부여해주는 친구 같은 AI가 되어주길 바랄 뿐이다.

2화

포털이 주도하는
코리아 IT 트렌드

패권을 다투는 네이버와 카카오

4차 산업혁명에서 우리나라의 포털 기업인 네이버와 카카오는 어떠한 역할을 하게 될까? 인공지능과 자율주행 자동차 사업에 뛰어든 네이버는 검색 서비스를 주축으로 성장한 포털 사이트다. 카카오 역시 자체 AI를 개발했고 카카오의 브레인은 스피커를 비롯, 자동차에서도 서비스할 만큼 다양한 협업을 이뤄내고 있다.

지극히 평범한 어느 날 아침, 정치와 사건사고 이슈로 얼룩진 일간지를 보는 둥 마는 둥 넘기다가 국내 포털사의 사업 전반을 다룬

듯한 헤드라인에서 잠시 멈춰 섰다. 경제면 톱으로 한 페이지를 할애해가며 써내려간 기사에서 네이버와 카카오의 국내 계열사 지분구조가 유독 눈에 띄었다. 2016년 금융감독원의 9월말 보고서를 보니 네이버의 계열사는 스물한 곳이었고 카카오는 무려 예순 곳이었다. 거대한 공룡이 되어버린 두 곳의 회사가 대한민국 IT 업계의 기둥이 되었다.

'밀레니엄 신드롬'이라는 키워드가 전 세계적으로 화제가 되었던 1999년, 온 세상이 발칵 뒤집힐 것만 같았던 바로 그해에 네이버가 세상에 출사표를 던졌다. 카카오와 몸을 합친 다음커뮤니케이션이 4주년을 맞이했을 때였다. 그렇게 지각변동은 시작되었다. 강남 테헤란로 소재의 작은 벤처기업이 수많은 사람들의 이목을 집중시킬만한 IT 공룡으로 급성장했고 글로벌 시장의 패권을 위해 오늘도 박차를 가하고 있다. 네이버와 카카오가 이끄는 국내 포털이 감히 IT트렌드를 선도하고 4차 산업혁명의 또 다른 주인공이라 해도 무리가 없을 것 같다.

네이버와 카카오의 국내 계열사

네이버: 네이버랩스, 라인주식회사, NBP(네이버 비즈니스 플랫폼), 스노우 등

카카오: 카카오게임즈, 카카오브레인, 케이큐브벤처스, 카카오프렌즈 등

네이버의 걷잡을 수 없는 독주 체제

네이버를 설립한 이해진 의장은 서울대학교 컴퓨터공학과를 다녔다. 같은 학교 같은 공대 캠퍼스를 누비던 김범수와 함께 졸업 후 삼성 SDS에 입사하게 되었고 이후 그들의 공동체 운명은 같은 듯 다른 노선을 타게 되었다. 네이버 이해진은 한게임Hangame의 김범수와 함께 NHN현 네이버 공동 대표로 이름을 내걸기도 했다. 하지만 이해진은 네이버에 남았고 김범수는 카카오의 전신 격인 아이위랩을 설립해 NHN과 이별했다. 그렇게 그들의 운명은 갈라졌다.

네이버는 강남에 위치한 어느 빌딩에서 출발했다. 사무실 어느 한 공간에서 컴퓨터를 바라보던 이해진은 네이버의 검색과 커뮤니티 사업을 성공적으로 이끌어온 수장이다. 이로 인해 네이버의 주주들의 신뢰까지 얻어냈고 고속 성장을 위한 발판을 마련했다. 네이버는 설립 후 3년 만에 코스닥 시장에 첫 상장을 하게 되었고 그 뒤로 2년 후 코스닥 업종 중 시가총액 1위 자리에 오르기도 했다.

네이버는 가파르게 성장해왔다. 실시간 검색어 서비스는 네이버의 상징이 되었고 검색 엔진을 통한 사용자들의 검색 습관 역시 네이버가 아니면 말이 통하지 않을 정도가 되었다. 실시간 검색어는 IT트렌드와 각종 이슈를 양산해내는 파워까지 지니게 되었다. 물론 검색어 조작 논란과 검색 결과를 통한 광고 상품으로 인해 골목 상권 침해라며 손가락질을 받기도 했다. 새롭게 부임한 변호사 출신의 김상헌 대표는 네이버가 성장할 수 있도록 8년이나 크게 공헌하였으며 그 뒤에는 이해진 의장이, 선두에는 네이버 서비스를 총괄하는 한성숙 부사장이 존재하고 있었다. 한성숙 부사장은 민컴과 PC라인에서 기자로, 엠파스에서는 검색사업본부장으로 근무한 바 있다. 2007년 NHN검색품질센터 이사로 네이버의 식구가 되어 10년 이상 근무했다. 한성숙 부사장은 2017년 네이버의 대표로 취임했다. 한성숙 네이버 대표는 '투명한 경영과 기술 플랫폼의 진화'를 선언했다. 한 대표가 취임한 이후 네이버의 AI 서비스는 보다 박차를 가하고 있다. 네이버랩스에서 연구, 개발했던 클로바는 구체화 되어갔고 커넥티드카나 스피커 등 형체를 갖춘 모습으로 사용자들에게 한 발짝 성큼 다가섰다.

네이버는 국내에서만 머물지 않았다. 이해진 의장은 한성숙 대표 취임과 동일 시간대에 유럽 진출을 선언했다. 네이버의 유럽 시장 투자를 진두지휘할 계획이라고 밝힌 바 있으나 그의 과감한 추진력이라면 가시화될 비즈니스도 아주 먼 얘기는 아닌 것 같다. 일단 네이버는 유럽 사업 확대를 위해 프랑스에 현지 법인을 설립했다. 이와 관련, 제록스리서치센터 유럽XRCE을 무려 2천억 원에 인수하기도 했다. 프랑스 그르노블Grenoble에 위치한 XRCE는 인공지능과 머신러닝 등을 연구하는 기관으로 1993년 설립되어 연구 인력만 80명에 이른다. XRCE라는 명칭은 역사 속으로 사라졌고 그 타이틀은 네이버랩스 유럽으로 변경되었다.

네이버의 라인LINE은 글로벌 경쟁에서 빠질 수 없는 서비스다. 이미 일본에서는 필수적인 메신저 서비스로 자리를 잡았고 네이버 V앱의 경우에도 동남아에서 꽤 인기를 끄는 플랫폼이 되었다. 아기자기한 캐릭터를 좋아하는 일본인들에게 라인의 캐릭터는 신의 한 수였다. 우리가 카카오톡을 국민 메신저라고 부르듯 라인 메신저는 일본인 생활에 깊숙하게 스며들었다.

일본뿐이 아니다. 태국, 대만, 스페인, 인도네시아 등 전 세계에서 사용하는 앱으로 자리했다. 2014년 라인주식회사에서 발표한 내용에 따르면 당시 월간 이용자수는 전 세계 1억 7천만 명 이상이었다고 언급했다. 벌써 몇 년이 지났으니 이 숫자는 2억 명 이상이 될 것으로 보인다. 또한 라인을 사용하는 등록 유저 수만 해도 6억 명에 달하는 수준이니 이쯤 되면 라인의 강력함을 제대로 느낄 수 있을 것이다.

라인은 지분 100%를 보유한 라인게임즈까지 설립했다. 라인게임즈는 게임 전문업체 넥스트플로어nextfloor를 인수해 게임 배급 사업도 전개하게 되었다. 라인의 국내외 플랫폼 경쟁력을 탑재한 게임 배급사라는 측면에서 그 파워는 상당할 것이라는 예측이다.

네이버의 V앱은 네이버 연예 서비스실에서 콘트롤하는 플랫폼이다. 국내를 포함해 해외에서 활동하는 가수나 배우 등 인기 셀럽Celebrity 들의 한류 열풍과 MCN다중 채널 네트워크을 결합한 서비스라고 보면 좋을 것 같다. 네이버의 연예서비스를 담당했던 박선영 이사는 콘퍼런스에서 해외 진출을 언급한 바 있다. 한류가 휩쓰는 동남아 마켓에 V앱은 그대로 적중했다. 중국과 일본, 대만 등 동남아는 물론이고 브라질, 멕시코, 스페인, 캐나다까지 전 세계로 뻗어나갔다.

네이버의 카메라 애플리케이션 스노우Snow는 2015년 9월에 출시해 한국은 물론이고 일본, 대만 등 아시아 마켓에서 엄청난 인기를 누렸다. 그 결과 출시 이후 1년 반 만에 1억 가입자를 달성하기도 했다. 특히나 일본 10대들에게 가장 트렌디한 앱 1위로 선정되는 기염을 토했다. 혹자들은 제2의 라인이 될 플랫폼으로 스노우를 꼽기도 했다.

2017년 하반기에는 네이버 스포츠의 '스포츠 기사 재배치 사건'이 터졌다. 사실상 잘 나가던 네이버의 큰 흠집이 되기도 했다. 더구나 한성숙 대표가 투명성을 강조한지 그리 오래 지나지 않은 상황 속에서 벌어진 일이었기에 언론은 앞다투어 이를 보도했다. 2017년 10월에는 막바지 국감으로 한창이었다. 그 자리에 네이버 이해진 글로벌 투자책임자가 자리했다. 시종일관 떨리는 목소리로 발언을 이어갔고 뉴스에 관해서는 이렇다 할 '명확한 답'을 내놓지 않았다. 사실 뉴스는 네이버를 이용하는 사람들에게 대문과도 같은 존재다. 만일 네이버에서 뉴스가 사라진다면 그것이 사회에 미치는 영향은 얼마나 클까 문득 궁금해진다. 그만큼 뉴스를 보는 트렌드 역시 네이버와 같은 포털사가 바꿔놓은 셈이다.

그해 10월 26일 네이버는 2017년 3분기 실적 발표를 진행했다. 5분기 연속 매출 1조원을 돌파했고 전체적으로 굉장히 좋은 성적표를 받았다. 네이버는 검색광고와 네이버 페이 등 주요 사업에서 고르게 성장해 2017년 연간 4조 6천억 원에 달하는 매출로 사상 최고 실적을 올리기도 했다. 아마도 이 매출액 기록은 큰 장애가 없는 한 꾸준히 상승곡선을 타게 될 것이다. 네이버는 글로벌 시장을 향해 다시 한 번 신호탄을 쏘아 올렸다. 이용자 창작 콘텐츠 플랫폼을 글로벌 프로젝트로 준비하고 있으며 태스크포스 팀도 구성해 이미 진행 중이라고 한다. 네이버의 글로벌을 향한 경쟁은 총소리와 함께 이미 출발선을 떠났고 벌써 한참을 달려가고 있다. 비록 가늠할 수 없고 예측 불가한 장애물이 존재하더라도 네이버의 신호는 일단 파란불이다.

카카오, 글로벌 시장을 위한 도약

카카오는 포털사로만 보기엔 다소 무리가 있다. 다양한 플랫폼을 보유하고 있는 IT기업 속에 포털은 하나의 사업일 뿐이다. 2014년 김범수 의장은 다음커뮤니케이션과 손을 잡고 합병할 것으로 세상에 알렸다. 국내 2위 포털과 국내 1위 모바일 메신저 업체의 합병은 당시 상당한 화제였다. 시가총액 규모만으로도 3조 원이 넘는 어마어마한 IT기업으로 발돋움하게 된 것이다.

공식적으로는 다음이 카카오를 흡수 합병하는 것으로 되어 있었으나 실제로 카카오의 영향력과 잠재력은 굉장했다. 다음의 직원 수는 카카오와 비교했을 때 약 세 배 수준이었다. 영업 실적으로만 봐도 다음이 더 높았다. 하지만 기업 가치를 살펴보면 카카오가 두 배 이상이었다. 다음카카오 합병 이후 직원 수는 약 2천 명 가량으로 대폭 늘어났다. 때만 되면 포털사의 공정위 조사가 실시되곤 했는데 그간 몇 차례나 몸소 경험했던 다음커뮤니케이션 직원들은 아무렇지 않았고 이를 처음 경험하게 된 카카오 직원들은 다소 당황했다는 웃지 못할 일도 있었다고 한다.

2014년 10월 통합법인 출범 이후 1년이 지나, 다음카카오라는 이름의 사명은 임지훈 대표 취임과 함께 카카오라는 새 이름으로 다시 출발선에 섰다. 카카오 임지훈 대표는 카이스트를 졸업하고 애널리스트로 활약한 1980년생의 명망 있는 벤처 기업가였다. 김범수 의장과 임지훈 신임대표의 인연은 각별하다. 임지훈 대표가 몸담았던 케이큐브벤처스는 김범수 의장과 임 대표가 공동 설립한 투자 전문 자회사이기 때문이다. 김범수 의장에게 카카오는 스타트업의 집합체라고 표현한 만큼 임 대표에게 스타트업 정신으로 카카오의 경영을 부탁한다고 했던 내용과 같은 선상에 있다.

임 대표의 젊은 감각과 그간의 경험을 바탕으로 카카오는 여러 차례 변신을 시도했다. 아니 시도하고 있다고 보면 더 좋을 것 같다. 카카오는 이전부터 직급의 철폐와 절차의 단순화로 속도감 있게 사업을 전개했다. tvN드라마 〈미생〉이나 대다수 기업에 존재할 법한 대리나 과장, 부장으로 이어지는 직급 체계 없이 'Brian'이나 'Jimmy'라고 서로 호칭을 부르고 셀cell과 같은 작은 조직으로 움직여 빠른 의사결정을 한다. 카카오의 이러한 부분들이 한편으론 부럽기까지 하다. 참고로 브라이언Brian은 김범수 의장을, 지미Jimmy는 임지훈 대표의 실제 호칭이다.

카카오는 임 대표가 경영하게 되면서 여러 사업들의 존폐를 결정해왔다. 불필요하거나 수익이 나지 않거나 뚜렷한 퍼포먼스가 없는 플랫폼과 서비스는 과감하게 버렸다. 메신저 서비스인 마이피플이나 유사 SNS 서비스였던 플레인Plain, 카카오토픽 등 없어진 서비스도 다양하다. 기존 다음 TV팟은 트렌드에 맞게 카카오TV로 변경했고 카카오톡 역시 국민 메신저인만큼 다양한 실험을 진행 중이다.

카카오가 가진 매력적인 상품이자 효자로서 작용하는 서비스는 카카오프렌즈의 이모티콘 사업과 카카오게임즈다. 카카오의 이모티콘은 온 국민이 사랑한다고 해도 과언이 아닐 정도가 되었다. 라이언을 비롯 어피치, 무지, 콘, 프로도, 네오 등 카카오의 캐릭터는 이모티콘 뿐 아니라 게임에서도 활용되고 있고 캐릭터 상품으로도 급부상해 짭짤한 수익원이 되고 있다.

카카오의 매출액 중 가장 큰 비중을 차지하는 것 역시 이러한 사업 분야다. 게임과 멜론, 이모티콘으로 벌어들인 2017년 2분기 매출액은 약 2천 362억 원에 달한다. 2017년 3분기에는 2천 614억 원의 매출을 기록해 전 분기 대비 12% 상승한 바 있다. 이 매출액은 카카오 전체 매출액의 거의 절반 수준이다. 카카오는 음악 스트리밍 서비스 '멜론'과 카카오페이지와 같은 콘텐츠 수익에 힘입어 2017년 연간 매출 약 1조 9천억 원을 달성해 2조 원 돌파를 목전에 두고 있다.

카카오톡은 글로벌 230개국 16개 언어로 서비스하고 있다. 카카오가 발표한 2017년 4분기 자료에 따르면 월평균 글로벌 사용자는 4천 970만 명이다. 그러나 여기엔 국내 사용자가 포함되었다. 국내 사용자만 따지면 약 4천 320만 명에 이른다. 해외보다 국내 비중이 상당하다는 것을 이 수치를 통해 알 수 있다.

솔직히 말하면 카카오의 해외 사업은 여전히 주춤세다. 다음과 카카오가 손을 잡은 명분 자체가 예산 확보와 글로벌 진출이라는 소문이 파다했지만 그러한 루머에 맞는 뚜렷한 비즈니스 모델이 부재했다. 카카오는 글로벌 SNS 서비스인 패스^{Path}를 2015년에 인수해 해외 진출의 루트도 확보했지만 오히려 손실이 큰 편이다. 그럼에도 불구하고 카카오게임즈의 북미와 유럽 진출은 주목해볼만하다. 더구나 카카오페이의 사업 확장 역시도 글로벌 진출을 위한 교두보 역할을 하게 될 것 같다.

카카오는 K뱅크에 이어 세상 밖으로 나온 두 번째 인터넷 전문은행이다. 국내 최초로 출범한 K뱅크는 2017년 상반기 실적이 다소 좋지 않은 편이었다. 상반기 순손실만 400억 원을 넘어섰다. 카카오뱅크도 순손실이 있긴 했다. 두 곳 모두 출범을 준비하던 중이었고 영업비용이 들어가니 손실은 당연했다. 다만 그 손실폭의 차이만 있을 뿐이다.

카카오뱅크는 출범당시 사용자들이 몰리며 엄청난 인기몰이를 했다. 카카오가 낳은 라이언 등의 캐릭터를 접목시켜 체크카드를 발급했다. 체크카드는 굳이 사용하지 않더라도 하나쯤 보유하는 차원에

카카오미니
어피치 캐릭터가 스피커 위에 올라가 있다. 캐릭터를 활용할 수 있다는 점은 카카오의 큰 자산이다.
출처: kakao.ai

서 신청하는 사람들도 꽤 있었다고 했다. 이처럼 캐릭터 프로모션은 필수적인 홍보수단으로도 작용했다.

카카오에서 개발한 AI 스피커, 카카오미니에도 캐릭터는 존재하고 있다. 작은 피규어 형태로 제작된 라이언과 어피치에는 자석이 내장되어 스피커에 찰싹 달라붙는다. 다소 밋밋할 수 있는 디자인에 캐릭터를 입히니 분위기마저 달라졌다.

카카오는 카카오뱅크 덕분에 주가 또한 놀라울 정도로 상승한 바 있다. 2018년 초에는 가상화폐와 연결고리가 있다는 이유로 주가의 등락이 있기도 했다. 이처럼 카카오는 성장의 발판으로 삼을만한 서비스들이 다양하게 존재한다. 포털 서비스는 물론이고 모바일과 게임, 캐릭터와 음악, O2O에 이어 인공지능과 인터넷은행까지 다양한 사업으로 수많은 계열사를 거느리고 있는 이유가 쉽게 설명된다. 다른 측면에서 바라보면 네이버보다 카카오의 성장 기대감이 더욱 높은 편이라고 볼 수도 있겠다. 카카오 역시 네이버의 항로를 따라 날

갯짓을 펼치고 있다. 카카오는 2018년 3월 임기가 만료된 임지훈 대표에 이어 카카오 광고 사업을 총괄했던 여민수 부사장과 카카오 공동체브랜드센터장으로 활동했던 조수용 센터장을 신임 공동대표로 내정한 바 있다. 2018년 3월 16일 카카오 주주총회를 거쳐 신임대표로 선임되었다. 임지훈 전 대표는 대표이사직에서 물러나 미래전략 고문으로 남아 회사 경영을 뒤에서 돕는다. 카카오는 카카오 공동체 전체의 시너지 확대로 성장을 가속화 시키겠다고 했으며 이를 '더 큰 도약의 시작'이라고 말한다.

철옹성 바깥에서 경쟁하는 그들

몇 년 전까지만 해도 SK커뮤니케이션즈의 네이트nate는 국내 3대 포털로 오랜 시간 그 자리를 유지해왔다. 네이트온이 한참 인기를 누리고 있을때만 해도 SK커뮤니케이션즈는 싸이월드와 함께 수많은 유저들을 확보해 네이버, 다음과 경쟁할만한 파워를 가진 바 있다. 칼을 꺼내든 세 곳의 기업, 승부는 쉽게 갈렸다. 페이스북과 트위터 등의 SNS가 등장하자 싸이월드 사용자들은 금세 발길을 돌렸다. 급기야 싸이월드는 네이트와도 이별했다. 독립법인으로 새 출발한 싸

이월드와 연속 적자를 기록하던 SK커뮤니케이션즈의 향방 모두 안
개 속이었다.

　네이트는 2010년 정점을 찍고 점차 하락세를 보였다. 2011년 4분
기부터는 모든 매출이 감소했고 결국 적자로 전환했다. 이때부터가
시작이었다. 2014년 대규모 구조조정을 단행했고 인력이 절반으로
대폭 줄었다. 명예퇴직도 있었고 다른 곳으로 이직하는 사람들도 우
후죽순 늘어났다. SK컴즈의 주가는 연일 내려갔고 연속 적자를 회복
하지 못한 채 결국 상장폐지되었다. 그러나 SK커뮤니케이션즈는 SK
텔레콤이라는 든든한 지원군을 얻게 되었다. SK텔레콤은 플랫폼 사
업 강화를 위해 SK커뮤니케이션즈 지분 100%를 보유하게 되었다.

　하지만 SK텔레콤의 지원을 받아 승승장구를 꿈꾸던 SK커뮤니케
이션즈는 쉽게 힘을 내지 못했다. 싸이메라는 SK커뮤니케이션즈가
2012년 3월 23일 출시한 스마트폰 카메라 애플리케이션으로 싸이월
드와 카메라의 키워드를 합쳐 '싸이메라'로 명명되었다. 얼굴 인식 기

술을 이용, 인물 사진 보정을 중점적으로 구현되었고 몸매 보정 기능도 추가된 바 있다. 유료 애플리케이션인 '아날로그 필름'이 다양한 필터를 제공한 바 있는데 싸이메라가 이를 표절한 것이 아니냐는 논란이 있기도 했다. 이로 인해 SK커뮤니케이션즈는 해당 필터 서비스를 종료했다. 서비스의 경우 2012년 출시 이후 누적 다운로드 수만 2억 건을 기록했고 국내 뿐 아니라 남미와 동남아에서도 인기를 얻었지만, 정점을 향해 달려가던 싸이메라의 인기와 매출은 동시에 줄어들기 시작했다. 2016년 취임한 제이큐브 인터랙티브 출신의 박상순 대표는 사업 조직 개편과 함께 수익성이 없는 서비스는 모두 종료시켰다. 이와 더불어 O2O 서비스를 통한 변화를 꾀하고 있다.

한편 SK커뮤니케이션즈에서 떨어져 나간 싸이월드는 2018년 부활을 준비하고 있다. 재기라고 해도 과언이 아닐 것이다. 2018년 3월 19일 뉴스 큐레이션 서비스 '뉴스큐News Quex'의 공식 론칭으로 다른 유사 업체들과 경쟁하기 위한 서비스 고도화에 열을 올리고 있다. 수많은 인력들을 모집하기 위해 채용도 실시한 바 있다. 싸이월드는 삼성전자의 투자까지 받았다. 과거의 싸이월드가 현재의 인터넷 시장에서 얼마나 잠재력을 펼칠 수 있을지, 재기가 가능할지 귀추가 주목된다.

ZUM internet 줌인터넷

네이트가 부진한 사이 한창 상승세를 타던 줌인터넷은 코스닥 상장을 추진하고 있다.

2018년 현재도 네이트와 경쟁을 벌이고 있는 포털사라면 딱 한 곳을 꼽을 수 있다. 사실 경쟁구도라고 하기엔 이미 체급이 조금 달라지긴 했지만 과거 네이트와 한참 몸싸움을 벌이던 이스트소프트의 줌인터넷이 바로 그 주인공이다. 익히 알려져 있는 것처럼 이스트소프트는 국내 PC에 대다수 탑재된 백신 프로그램 알약Alyac으로 유명한 곳이다. 알집이나 알씨, 알약 등 소프트웨어를 개발하던 곳이 2011년 포털 사업 분야로 출발해 벌써 6년을 넘어섰다. 네이트닷컴이 하락세였다면 줌인터넷은 상승세였다.

80%대에 육박하는 네이버의 검색 점유율과 20%대에 자리한 다음의 검색 점유율은 사실상 범접하기 힘든 숫자였다. 1%도 되지 않았던 줌인터넷의 검색 점유율은 어느새 네이트를 앞지르게 되었고 급기야 2%대를 넘어서기도 했다. 줌인터넷은 인터넷 브라우저도 개발해 스윙 브라우저라는 이름으로 서비스 하고 있다. 소프트웨어 기업이 뒤에 있으니 줌인터넷의 브랜드와 함께 썩 괜찮은 서비스를 내놓고 있는 상황이다.

이뿐만이 아니다. 줌인터넷은 모바일 사업 강화를 위해 기존에 확보해두었던 데이터와 자체 개발한 AI 역량을 고르게 활용할 예정이라고 한다. 콘텐츠와 쇼핑 정보 등 사용자들의 취향을 분석해 추천하는 기능으로 활용될 예정인데 이러한 사업 전략은 김우승 줌인터넷 대표의 지나온 커리어에서 기인한다. 김 대표는 사실 빅데이터 전문가다. 삼성전자 종합연구소와 디지털솔루션센터, SK텔레콤과 SK플래닛 등을 거쳐왔다. 줌인터넷에는 CTO로 입사하여 검색 총괄본부를 맡기도 했다. 줌인터넷은 코스닥 상장도 추진 중에 있다. 이는 온전히 신사업 추진을 위한 총알 확보로 예상된다. 2016년 코넥스^{Konex} 상장에 성공했고 그해 연 매출 193억 원을 기록해 흑자로 전환했다. 2017년 연 매출액은 약 223억 원이었다. 네이트가 주춤하던 사이 줌인터넷은 어느새 네이버와 카카오가 머물고 있는 철옹성에 한 발 더 다가섰다.

이밖에도 포털 서비스를 유지하고 있는 이들이 있다. 어쩌면 혹자는 "그게 아직도 있었어?"라고 되물을지도 모르겠다. 대표적으로 천리안이 그렇다. 지금은 LG유플러스의 자회사 미디어로그가 운영하는 천리안은 과거로부터 살아남은 포털이다. 포털이라고 하기에는 사실상 유명무실하지만 일부 이용자는 이메일 서비스를 위해 여

천리안
누군가에게는 추억의 이름이지만, 누군가는 여전히 이메일 서비스를 활용하며 접속하고 있다.

전히 방문하고 있다. 페이지로 로그인하는 사람들의 대다수가 메일 서비스를 이용한다고 한다.

메인 페이지에 뉴스코너가 존재하고 있고 클릭하면 외부 사이트로 연결도 되지만 이용하는 사람들의 비중은 극히 적은 편이다. 천리안은 과거 데이콤 시절부터 각광받던 사이트였다. 뉴스 서비스 역시 꽤 오래전부터 지속해왔다. '천리안 커뮤니티 축제'라는 이름으로 이벤트도 진행한 바 있다. 잘나가던 사이트이자 한때 주목받던 서비스이긴 했으나 역시나 철옹성 바깥으로 멀리 밀려났다. 줌과 인터넷의 싸움을 구경할 수밖에 없는 그들은 울며 겨자 먹기로 천리안을 계륵처럼 부여잡고 있는 셈이 아닐까.

이 밖에도 코리아닷컴korea.com과 드림위즈dreamwiz.com가 포털이라는 이름으로 분류되어 사용자들에게 서비스하고 있다. 아직 생존해 있기는 하나 코리아닷컴도 포털 서비스보다는 이메일 서비스를 위해 존재하는 듯하다. 더구나 코리아닷컴은 대성그룹이 인수해 벌써 10년을 넘겼다. 드림위즈의 경우에는 포털 서비스로 운영하다가 콘텐츠를 큐레이션 하는 방식으로 변경해 다양한 서비스를 지속하고 있다. 드림위즈는 '한글과컴퓨터'를 창업한 이찬진 전 이사가 만들어낸 포털 사이트다. 현재 그는 디지털 셋톱박스 전문기업인 포티스Fortis의 대표이사로 재직 중이다. 포티스는 블록체인 사업에도 진출한다는 야심을 품고 있다.

국내 포털은 네이버와 카카오 사실상 전부라고 해도 과언이 아니다. 이들은 대한민국 IT 기업의 핵심이며 중심에 뿌리박은 거대한 기둥과도 같다. 그 주변을 떠도는 포털 기업은 그리 많지 않은 실정이다. 파란닷컴, 라이코스, 코리아닷컴 등 없어졌거나 유명무실한 포털사만 해도 그 수가 어마어마하다.

결국 네이버와 카카오는 생존경쟁 싸움에서 굳건하게 살아남았고 대항조차 불가능한 거대 공룡이 되었다. 국내 사업 확장을 비롯해 글로벌 진출까지 걷잡을 수 없을 정도에 이르렀다. 그들의 주력 서비스가 포털 서비스이기는 했지만 외적으로 보면 거대 기업과 크게 다르지 않으며 포털 역시도 여러 사업 분야의 일부로 자리했다. 포털 서비스 중 지극히 일부가 되어버린 메일, 카페, 블로그부터 온라인 결제, 뮤직, 이모티콘, 메신저에 이르기까지 네이버와 카카오는 여전히 닮은 모습으로 각자의 꿈을 꾸고 있다.

2018년 3월 기준으로 네이버는 시가총액 약 26조 원으로 국내 코스피 10위이고 카카오는 합병 이후 코스닥 대장주로 군림하다가 코스피로 넘어와 시총 약 10조 4천억 원으로 국내 코스피 34위에 랭크되어 있다. 작은 벤처로 시작한 두 곳의 기업 모두 국내를 넘어 세계로 향하고 있다. 글로벌 경쟁은 이미 시작되었고 두 공룡 모두 숨겨진 날개를 펼쳤다. 우리나라에서는 어마어마한 기업으로 자리매김했지만 세상 밖으로 나갔을 때의 영향력은 과연 얼마나 될까. 두고봐야 알겠지만, 구글이나 페이스북 같은 기업들과 글로벌 패권 경쟁에서 맞서 싸울 준비가 되었다는 것, 그것만큼은 분명한 것 같다.

3화

구글과 네이버가
자동차 산업에 뛰어드는 이유

미래를 향한 선택과 집중

네이버와 카카오는 포털 서비스와 더불어 각자가 가장 잘할 수 있는 사업 분야에 더욱 집중하고 있다. 어쩌면 세상이 주목하는 서비스에 과감하게 투자해 잘할 수 있는 분야이자 미래의 먹거리로 만들고 있다는 것이 더욱 바른 말일 수도 있겠다. 네이버는 네이버 클로바로, 카카오는 카카오아이kakao i로 모두 인공지능 플랫폼을 확보했고 사용자들을 위한 서비스를 실시하고 있다. 네이버 지도나 카카오가 인수한 '김기사'와 같은 내비게이션 서비스 역시 사용자가 자주 찾는 플랫폼이 되었다. 인공지능과 내비게이션 서비스를 탑재한 자율 주행 자동차 분야에서는 네이버가 먼저 자리를 차지했다.

자율 주행 자동차는 굳이 핸들을 잡지 않아도 자동차가 알아서 굴러가는 방식으로 우리가 꿈꿔왔던 미래의 한 영역이기도 했다. 또한 상상 속에서만 그려졌던 무인자동차는 마치 가질 수 없을 것만 같았던 '드림카'이기도 했다. 그러나 자율 주행 자동차는 이미 세상에 등장했고 드림카는 곧 현실로 다가왔다.

지금은 세기의 커플이 된 배우 송중기와 송혜교가 동반으로 출연했던 KBS 드라마 〈태양의 후예〉에서 자율주행모드로 움직이는 자동차의 모습이 등장한 바 있다. 핸들을 잡고 있던 남주인공 유시진이 자율주행모드로 전환하며 여주인공 강모연과 키스신을 펼쳤던 것이다. 이른 바 '송송커플'의 첫 키스가 자율주행 자동차의 도움이라는 말이 있을 정도였다. 누군가는 PPL로 느꼈을 수도 있겠지만, 4차 산업혁명 측면에서 아주 큰 역할을 맡고 있는 자율주행 자동차가 대중에게 각인되는 순간 중 하나였다.

자율주행 자동차는 산업적 측면으로 봤을 때 획기적이면서도 혁신과 같다. 톰 크루즈Tom Cruise 주연의 〈마이너리티 리포트Minority Report〉나 윌 스미스Will Smith가 출연한 〈아이로봇I, Robot〉 등 미래를 배경으로 하는 SF 영화에서도 빠지지 않고 등장했던 것이 바로 무인자동차다. 자율주행 자동차가 우리 삶과 산업 분야에 얼마나 큰 영향을 가져다줄지 알아보자.

스스로 움직이는 자동차

자율주행 자동차는 전 세계적으로 경쟁이 치열한 분야 중 하나다. 더구나 자동차를 제조하는 업체가 아니라 구글이나 네이버와 같은 IT 업계에서 더욱 활발하게 연구하고 있어 어쩌면 아이러니하게 느껴지기도 한다. 자율주행 자동차는 사람이 핸들이나 기어를 조작하지 않아도 도로의 상황을 판단해 주행을 하는 자동차로 GPS 수신, 카메라나 레이저를 활용한 스캐너 등을 탑재하고 있다. 이와 같은 센서들은 돌발 상황을 마주할 때 긴급 제동을 하게 되고 신호등의 시스템을 카메라로 판단해 차량을 움직이는데 활용된다.

비행기를 탈 때 이런 의문을 가져본 적 있는가. '10시간이 넘도록 장시간 비행하는데 기장들은 잠을 자지 않을까?' '비행기가 고가이기도 하고 거대한 몸집을 자랑하는 최첨단의 집합체인데 자동으로 움직이지는 않을까?' 그렇다. 비행기는 자동 운항 장치, 즉 오토파일럿 기능에 포함된 항로 설정으로 인해 민감한 센서들이 거대한 비행기를 움직이고는 한다. 물론 기상에 따라 기장이 직접 조작할 수도 있고 이륙과 착륙의 경우에는 기장과 부기장의 손으로 조종하기도 한다. 수많은 사람들과 묵직한 짐을 수송하는 비행기는 그 무엇보다 민감한 센서들이 있을 수 있는 변화에 대응한다. 자동 조종 장치는 비행기 뿐 아니라 선박에도 적용된다.

비행기만큼 똑똑하게

과거에는 동력장치와 차내 기어와 연결된 스틱을 중심으로 차량이 움직였다. 지금보다 단순했던 과거의 자동차는 속력에 따라 기어를 조작해야 했기에 운전자의 피로감을 가중시켰다. 오토매틱 시스템이 전반적으로 도입되면서 운전은 보다 쉬워졌다. 차량의 속도에 따라 기어를 변환했던 과거와 달리 오토매틱 트랜스미션은 엔진 회전수에 따라 기어를 자동으로 바꾼다. 산업이 발달하면서 자동차 역시 더욱 고품질로 변모했다. 브레이크 잠김 방지 장치인 ABS나 차량의 구동력을 제어하는 TCS, 자동차의 엔진과 오토매틱 트랜스미션, ABS 상태를 컴퓨터로 제어하는 ECU 등도 들어가게 되었다.

최근 자동차에 탑재된 크루즈 콘트롤cruise control 기능은 차량의 속도를 일정하게 유지하는데 사용되는데 자율주행 자동차의 기반이 되는 장치라 해도 과언이 아니다. 가속페달을 밟고 있지 않아도 일정한 속도를 유지해준다. 그러나 솔직히 필자는 이 기능을 사용한 일이 극히 드물다. 그만큼 우리나라 도로 환경에서는 사용하기가 쉽지 않았다. 그래도 최근 양산되는 자동차들은 굳이 자율주행 자동차가 아니더라도 비행기 못지않은 수많은 센서를 포함하는 추세로 변해가고 있다.

대중화 목표 시점은 2020년

그렇다면 자율주행 자동차는 얼마나 많은 기능을 담고 있을까. 앞서 언급한 것과 같이 자동차를 제조하는 기업보다 구글과 같은 IT기업에서 활발하게 개발과 연구를 시도하고 있다. 구글은 2010년 자율주행 자동차 개발 계획을 공식 발표했고 그로부터 4년 뒤 자율주행 자동차 시제품을 세상에 내놓기도 했다. 또한 자율주행 자동차 개발과 함께 웨이모^{Waymo}라는 자회사를 설립하기도 했다. 보다 정확하게 말하면 구글의 지주회사인 알파벳 산하의 자율 주행 프로젝트 법인이다. 웨이모의 자율주행 자동차는 차량 주변 모두를 탐지할 수 있는

라이다Lidar, Light Detection And Ranging라는 센서를 탑재하고 있다. 자율주
행 자동차가 물체의 위치나 거리를 정밀하게 측정하기 위한 센서로
'라이다'만큼 중요한 것은 없다. 라이다 센서는 펄스 레이저Pulsed Laser
를 이용해 사물을 입체적으로 파악한다. 돌고래가 음파를 이용해 먹
잇감을 찾는 방식과 굉장히 흡사하다.

　물론 이 밖에도 고성능 카메라와 측정 센서, 레이저 스캐너 등이
적재적소에 탑재되었다. GPS 수신기와 구글 지도와 같은 기술도 고
스란히 담고 있다. 아직은 안전을 우선시해야 하는 일종의 프로토타
입이기 때문에 최대 시속은 약 40km에 불과하다. 웨이모는 크라이
슬러Chrysler와 제휴를 맺었고 미니밴인 퍼시피카를 개조해 자율주행
자동차로 시범 운용 중이다. 또한 각종 프로세서 탑재를 위해 세계
최대 반도체 업체인 인텔Intel과도 협력 중이다. 인텔과 손을 잡고 개
발한 자율주행 자동차는 300만 마일의 주행 기록을 보유 중이다.

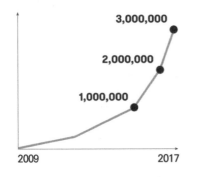

300만 마일을 주행한 웨이모의 자율주행 자동차

웨이모는 도심에서 3백만 마일 이상을 자율 주행했으며, 처음 1백만을 돌파했을 당시 6년이 걸렸는데 2백만에서 3백만 마일까지 다시 1백만 마일을 갱신하는 데 단 7개월이 소요되었다고 소개되어 있다.
출처: waymo.com

구글이 자율주행 자동차 개발에 박차를 가하고 있는 것은 명백한 사실이지만 본래 기업의 정체성이 IT 기업이다 보니 직접 제조를 한다기보다 크라이슬러와 같은 자동차 전문 제조 기업과 꾸준히 협업을 진행할 것으로 보인다. 기업 간 협업만 잘 맞아떨어진다면 그들이 계획하고 있는 2020년 대중화도 얼마 남지 않은 이야기가 된다.

그래픽 기술 전문 업체인 엔비디아NVIDIA 역시 자율주행 자동차 영역에 뛰어들었다. 엔비디아는 그래픽 기술 전문답게 이미지를 분석하고 정보를 쌓는 카메라 프로세서를 보유하고 있다. 이 카메라는 주변 사물들을 쪼개고 쪼개서 세분화된 정보로 인식하고 분석한다. 표지판의 형태를 읽고 차량의 외형이나 특징을 파악해 주행에 필요한 정보로 활용한다. 한 번도 본 적이 없었던 피사체라면 새롭게 정보를 쌓는다. 인공지능의 전형적인 기계학습 방식인 머신러닝 기능의 원리와 빅데이터의 정보를 그래픽 기술과 접목시킨 사례라고 할 수 있다. 엔비디아는 자동차 전문 제조업체들과 다양한 제휴를 맺고 그래픽 처리 장치에 관한 자체 기술을 제공하고 있다. 2017년 엔비디아는 자신의 홈페이지를 통해 아우디, 메르세데스 벤츠, 테슬라, 포르쉐 등 약 20여개의 오토모티브 파트너Automotive Partner 리스트를 공개하기도 했다.

국내 1위 포털인 네이버 역시 자율주행 자동차에 지속적인 투자를 하고 있다. 네이버는 라이다 센서기술을 보유하고 있는 이스라엘의 이노비즈 테크놀러지스Innoviz Technologies에 투자를 진행해 핵심 기술을 확보했다. 네이버와 공동으로 투자한 투자자들의 금액을 모두 합치면 약 700억 원 이상이 된다.

이노비즈는 이스라엘 국방부 소속의 엔지니어 출신들이 설립한 스타트업으로 자율주행 자동차의 가장 핵심이 되는 라이다 기술을 개발하고 있다. 이노비즈의 공동창업자이자 CEO인 오머 킬라프 Omer Keilaf는 텔아비브 대학교를 졸업하고 이스라엘 국방부인 IDF에서 근무한 바 있다. 이노비즈는 자신의 핵심기술을 이노비즈 프로 Innoviz Pro와 이노비즈 원Innoviz One으로 명명하고 2019년 이내 모두 출시할 계획이라고 밝혔다. 라이다 기술은 이노비즈와 더불어 벨로다인Velodyne, 쿼너지 시스템즈Quanergy Systems도 각각 보유하고 있다.

이노비즈 로드맵
이노비즈는 이스라엘 국방부 소
속의 엔지니어 출신들이 설립한
스타트업이다.
출처: innoviz.tech

2017년 4월 고양시 킨텍스에서 열린 서울모터쇼에서는 자동차 제조사가 아닌 네이버가 IT 기업으로 이름을 올렸다. 그들이 세상에 내놓은 작품 역시 자율주행 자동차였다. 심지어 일반도로에서 약 30km 속도로 자율주행 테스트를 실시하기도 했다. 네이버랩스^{Naver} ^{Labs}는 네이버의 기술 연구 프로젝트를 진행하는 자회사다.

모터쇼를 관람한 사람들은 네이버라는 이름을 모터쇼에서 보게 될 줄은 몰랐다고 할 정도다. 그럴 만도 한 것이 대다수 참여업체들이 자동차 제조업체이거나 자동차 부품을 생산하는 기업들일 테니 말이다. 네이버는 모토쇼를 통해 라이다 센서가 어떻게 활용되는지 눈으로 보고 바로 이해가 될 수 있도록 준비했다. 특히 라이다 센서를 통해 인입되는 데이터를 인공지능이 실시간으로 처리하고 카메라 렌즈가 보고 있는 이동물체를 탐지하는 형태의 시연을 진행했다.

네이버랩스는 홈페이지를 통해 자율주행 자동차가 어떻게 차선을 변경하는지에 대해서도 언급했다. SLC^{image based Safe Lane-Change}라 불리는 이미지 기반의 차선 변경 알고리즘이 바로 그 해답이다. 이 기술은 이미지를 기반으로 판단하는데 판단의 근거로서 수많은 이미지의 고유한 특징들을 스스로 학습하도록 했다. 차량이 이동 또는 진입 자체가 불가한 케이스를 'Blocked^{막혀 있음}'이라 가정하고 차량이 이동할 수 있는지 공간을 확보한 케이스는 'Free^{진입 가능}'으로, 차량이 차선을 변경 중이거나 교차로나 특이한 도로에 있는 경우는 'Undefined^{알 수 없음}'으로 알고리즘에 넣었다. 이러한 방식들을 데이터로 세팅해 인공지능을 꾸준히 훈련시키고 실제 도로에서 여유 공간을 확보한 후 차선 변경을 시도할 수 있도록 했다. 네이버랩스는 자율주행 자동차가 실제 도로에서 어떻게 움직이는지 추행 테스트 영상을 공개하기도 했다.

궁극적으로 자율주행 기술은 우리 삶을 편리하게 해주는 고도의 기술이다. 편의와 안전은 유사해보일 수 있지만 다소 상충되는 측면도 있다. 자율주행이 안착을 한다면 편의는 충분히 보장될 수 있겠으나 안전에 대한 문제는 반드시 편의와 함께 따라와야 하는 이슈다. 적정한 속력에서도 위험을 감지하고 제동을 한다거나 표지판과 신

서울모터쇼에 출전한 네이버
랩스
2017 서울모터쇼에서서 자율
주행 자동차 기술을 선보이고
있다.
출처: 네이버랩스

호등을 보며 제어를 하는 것은 어느 정도 가능해진 수준으로 올라왔
다. 네이버랩스의 SLC 기술과 같이 차량이 차선을 변경하는 것 또한
점차 고도화가 이루어지고 있다고 한다.

　하지만 우리나라와 같이 복잡한 교차로나 예측할 수 없는 곳에서
예상치 못한 문제를 만나게 되는 경우 얼마나 대처할 수 있을까. 자
율주행 자동차로 인한 사고는 또 어떻게 대비할 수 있을까. 숙련된
운전자조차 쉽지 않은 것이 방어운전이다. 상황에 따른 대응 요소까
지 갖춰야 비로소 완벽에 가까운 자율주행이 되겠지만 이는 아직까
지 먼 이야기고 너무 큰 기대일 수 있다. 무인자동차의 대중화와 안
정화는 아직 손을 뻗어도 닿지 않고 있지만 우리는 유시진과 강모연
의 첫 키스처럼 자율 주행이 안겨다주는 편리함을 '곧' 맛볼 수 있으
리라고 감히 예측해본다.

4화

로봇은 이미
인간을 추월했다

영화 속에 등장하던 로봇

영화 〈트랜스포머Transformers〉가 극장에서 개봉했을 당시 수많은 사람이 과거의 기억을 소환하며 환호성을 질렀다. 마이클 베이Michael Bay 감독은 우리가 어린 시절 가지고 놀았던 로봇에 생명이라는 것을 불어넣고 진짜로 존재할 법한 모습으로 관객들을 압도했다. 그는 변신형 로봇인 옵티머스 프라임이나 범블비에 섬세한 컴퓨터 그래픽을 입혔고 그 결과 우리가 상상했던 모습 그대로를 선사했다. 자율주행 자동차와 로봇이 결합한 범블비는 대중의 눈을 매혹시켜주기에 충분했다. 사실 말을 제대로 할 수 없어 커뮤니케이션이 다소 어렵기는 했으나 라디오의 음성을 결합해 메시지를 전달하는 방식은 감독의 영리한 연출이기도 했다.

사실 트랜스포머는 외계에서 온 로봇이기에 인간이 만들어낸 인공지능이나 자율주행의 한계를 뛰어넘은 모습이라 하겠다. 다만 4차 산업혁명에서 언급되는 분야로만 보면 트랜스포머의 주인공들은 모두 지능을 갖춘 로봇임은 부정할 수 없는 사실이다. 인공지능 AI는 4차 산업혁명에서도 가장 핫한 키워드다. 네이버의 클로바를 탑재한 웨이브나 프렌즈, 카카오아이로 작동하는 카카오미니와 같은 스피커가 형체가 없던 인공지능에 모양새를 갖춘 진화라면 이를 로봇의 형태로 변환해 우리가 늘 상상해왔던 모습으로 멀지 않은 미래에 만나게 될 수 있을 것만 같다.

사람의 형태를 갖추고 손과 발이 움직이도록 센서를 달아 꾸준히 개발 중인 인공지능을 탑재하면 말 그대로 로봇이 된다. 이미 수많은 업체들이 로봇을 개발 또는 제작하기도 했고 대학에서도 로봇게임 단을 만들어 경진대회에 참가하기도 했다. 4차 산업혁명 속에서 주목받고 있는 분야 중 하나이기는 하지만 로봇 산업은 오랜 시간동안 같은 길을 달려왔다.

로봇의 일반적인 의미는 '주어진 일을 자동으로 처리하거나 스스로 작동하도록 만들어진 기계'다. 과거에는 사람의 형태를 닮은 로봇이라고 해서 인조인간이나 사이보그라 부르기도 했다. 로봇은 일을 한다는 의미를 가진 체코 단어 'robota'에서 변형된 말이라고 하는데, 기본적으로 사람과 같은 일을 하지만 인간의 정서나 생각할 수 있는 능력이 없고 영혼이 없어 낡고 쓸모가 없어지면 고철덩어리로 변하게 되는 운명을 지녔다.

영화 〈터미네이터〉의 T-800 같은 경우는 인간이 흘리는 눈물의 의미를 인지할 수 있을 정도로 진화된 미래의 로봇이지만 태생 자체가 전투를 위한 것이고 머릿속 칩을 제거하면 그대로 고철덩어리가 되어버린다. 굳이 〈터미네이터〉가 아니라 하더라도 대다수 미디어를 통해 우리에게 학습된 로봇의 이미지는 이와 크게 다르지 않다.

로봇산업의 현재

지금 개발되고 있는 로봇은 우리 산업에 어떠한 영향을 미치게 될까. 어린이라면 그게 누구든 로봇이라는 장난감과 함께 시간을 보낸다. 만화 영화를 통해 등장하는 캐릭터 역시 로봇이 대다수를 차지한다. 어렸을 때만 해도 지금쯤이면 멋진 로봇들이 하늘을 날아다니며 지구를 지켜줄 것이라 생각했건만 지금 우리의 현실 속에 그런 풍경은 아직 없었다.

하지만 우리 생활을 풍요롭게 하는 로봇들이 한참 개발 중이거나 이미 세상에 나와 산업 현장에 뛰어들고 있는 추세다. 이를 테면 자동차와 같이 부품을 조립하고 생산해내는 기본적인 산업로봇부터 실생활 속에서 볼 수 있는 로봇 청소기나 왓슨Watson과 같은 의료용 기기에 이르기까지 다양한 편이다.

몇 년 전만 해도 로봇청소기는 수많은 허점을 보였다. 아주 낮은 벽도 넘지 못했거나 방향을 잃고 허우적거리는 등 사용자들의 불만이 잦은 편이었다. 최근 들어 로봇청소기는 보다 기능을 높였다. 예를 들어 아이로봇iRobot 청소기에 탑재된 센서는 자신의 주변 공간을 인지하고 추락을 방지한다. 그 덕분에 의자나 소파 등 사이사이를 피해서 다닐 수 있다. 또한 무엇보다 중요한 것은 알아서 충전한다는 점이다. 배터리의 소모량이 80%가 되어 잔량이 20% 이하로 떨어지면 주유소에서 주유를 하듯 본체와 결합해 충전을 시도한다. 사람이 쓸고 닦던 시절을 거쳐 우린 이렇게 로봇이 청소하는 시대와 마주하게 되었다. 물론 꼼꼼하게 청소하는 사람들에게 로봇청소기의 솜씨가 썩 마음에 들진 않겠으나 이만하면 똑똑한 청소기가 아닐까.

전시장이나 체험관과 같은 장소에서 만나볼 수 있었던 국내 최초의 인간형 로봇 휴보HUBO나 경진대회에서 화제를 모았던 대학생들의 로봇들은 로봇산업의 현주소이기도 하지만 진화를 거듭하고 있는 추세다.

우리나라는 2008년 로봇산업 특별법을 제정해 로봇산업 진흥을 위해 박차를 가하기도 했다. 당시 이 특별법은 10년으로 정해진 기간이 있었으나, 지금은 4차 산업혁명 특별위원회가 구성되어 그 후속 역할을 이어받았다. 로봇시장은 분명히 잠재력이 있다. 그렇기에 전문지식을 갖춘 인재양성도 간과할 수 없다. 광운대학교나 부산의 동명대학교의 경우는 로봇 관련 학부에서 로봇 공학에 대해 가르치고 있고 경상남도 함안에 위치한 경남로봇고등학교에서도 로봇 산업의 일꾼들을 배출하고 있다. 이와 같은 학교에서는 로봇이나 자동화용 automation 시스템에 사용되는 카메라 인지 장치나 로봇과 로봇, 로봇과 인간 사이에서 벌어지는 인터페이스로 구체적인 구현 능력을 연구한다. 또한 기계 운동학이나 기계 설계, 공작법 등 다양한 이론들을 배워 현장에서 활용될 수 있도록 가르치고 있다.

포항 소재의 한국로봇융합연구원Korea Institute of Robot and Convergence은 작업에 필요한 생산형 로봇뿐 아니라 전시장이나 박람회 같은 곳에서 사용 가능한 문화 산업 분야의 장비나 의료기기, 수중에서 쓰이는 로봇 기술을 연구하고 개발 중이다. 승마 로봇과 같은 시뮬레이터도 존재하고 산불을 감시하는 드론형 로봇도 있을 만큼 다양한 분야로 뻗어나가고 있다. 한국로봇융합연구원은 2005년 5월 재단법인 포항 지능로봇연구소라는 이름으로 산업자원부로부터 법인 설립허가를 받았다. 2012년 한국로봇융합연구원으로 개편되었고 설립 이후 10여 년간 30여 종 이상의 다양한 로봇 제품 상용화 기술 개발과 수중 건설로봇이나 국민 안전로봇 등 국책 사업 유치를 진행하기도 했다. 한국로봇융합연구원의 박철휴 원장은 1인 1로봇 시대를 언급했고 세계 시장에서 로봇은 1천억 달러 규모 성장될 신성장동력 산업이라 언급했다.

네이버랩스는 자율주행 자동차 뿐 아니라 로봇 분야 개발에도 인력과 비용 투자를 아끼지 않는다. 네이버랩스에서 개발한 로봇은 실내 자율주행 로봇인 어라운드Around와 전동카드 로봇인 에어카트

어라운드
네이버랩스의 실내 자율주행 로봇 어라운드의 모습.
출처: 네이버랩스

Aircart가 대표적이다. 어라운드의 경우, 로봇 청소기의 원리와 비슷하지만 보다 고도화를 이룬 '작품'이라 해도 손색이 없다. 실내 공간을 스스로 감지하고 움직이는데 현 위치에서 또 다른 목적지로 이동 가능하다. 가령 병원과 같은 공간에서 차트를 실어 나르거나 부피가 크지 않은 의료 도구를 옮기는데 사용 가능하고 서점에서는 책을 이동시키는데 활용될 수 있다.

전동카트는 '근력 증강 웨어러블 로봇 기술pHRI, physical Human-Robot Interaction'이 탑재된 카트 로봇이다. 카트에 일반적으로 붙어있는 손잡이에 힘 센서를 장착해 사용자가 조작하고자 하는 의도를 파악하고 움직이도록 하는 구조다. 오르막경사를 향해 카트를 밀고자 하면 미는 힘을 파악해 카트가 쉽게 경사로를 오르고 내리막에서는 카트를 조금 더 세게 잡아 굴러가지 않도록 자동 브레이크 시스템이 작동하

AIRCART

HUMAN-POWER
AMPLIFICATION
TECHNOLOGY

에어카트
의료 기관이나 서점 등에서 책과 자료를 옮
길 수 있는 카트로, 스스로 공간을 감지하고
움직일 수 있다.
출처: 네이버랩스

도록 구성되었다.

음식 주문 서비스로 유명한 '배달의 민족' 운영사인 '우아한 형제
들'은 고려대학교와 함께 자율 주행 배달 로봇을 개발해 실제 출시를
앞두고 있다. 딜리Dilly라 불리는 이 배달로봇은 시속 약 4km로 운행
되며 장애물을 피해가면서 목적지까지 자율주행한다. 맛있다는 의
미의 'delicious'와 배달한다는 의미의 'delivery'가 합쳐져 딜리라는 이
름이 지어졌다. 우선 실내 자율주행 모드로 시범 운영하게 되고 2018
년 하반기에 대학 캠퍼스나 아파트 단지 등 한정된 공간이지만 실외
주행도 실시한다. 향후 3년 이내면 음식점에서 음식을 주문한 사람
에게 배달이 되도록 업그레이드 한다는 계획을 밝힌 바 있다.

한편 유진로봇의 배달로봇인 '고카트Gocart'는 병원 내부에서 사용
될 수 있도록 개발된 로봇이다. 혈액이나 소변의 샘플을 받아 필요한

우아한 형제들에서 출시한 딜리

실내뿐만 아니라 실외 주행도 목표로 하고 있는 자율 주행 배달 로봇.

출처: 우아한형제들

곳으로 이동시키는데 활용된다. 실제 대전 소재의 을지병원이 이 로봇을 배치시킨 바 있다.

사실 산업분야에 침투한 생산용 로봇들은 반복적인 업무를 하던 인간의 자리로 스며들어 보다 빠른 생산에 큰 몫을 했다. 1차 산업혁명을 이룬 기계화가 2차 산업혁명의 전기, 3차 산업혁명의 컴퓨팅 시스템과 조화를 이루어 지금의 로봇 시대를 이루게 되었다고 해도 과언이 아니다. 하지만 사람이 해야 할 일은 반드시 존재하고 있지만 로봇은 기존 그 자리에 있었던 사람들과 일자리 경쟁을 한 셈이다. 4차 산업혁명이라는 키워드가 화두로 떠올랐을 때 로봇은 우리 생활의 무궁무진한 편리함을 가져다줄 수 있는 분야이기도 하면서 우리가 우려하는 '로봇과의 일자리 경쟁'은 오롯이 리스크로 작용할 수 있다고 언급한 바 있다. 로봇이 진화하고 우리 삶 속 어딘가에 깊

숙이 파고든다면 4차 산업혁명의 로봇 분야는 기회가 되기도 하면서 동시에 위기를 마주할 수 있을지도 모른다. 이를 어떻게 대비하고 극복하느냐가 관건이다.

사람이 아니면 할 수 없었던 일들을 로봇에 맡길 정도로 거듭나게 되었고 산업 분야에서도 신속한 생산을 위해 사용되고 있는 것처럼 이제는 수많은 사람들을 대신하고 있다. 인공지능 알파고가 사람을 상대로 몇 번이나 승리했고 중국의 샤오두 역시 인간과의 두뇌 대결에서 압도적인 면모를 과시했다. 어느새 로봇은 인간과의 상호경쟁이 아니라 인간을 뛰어넘는 단계에 이르렀다. 인재들이 모여 로봇을 만들고 로봇과 융합해 또 다른 일거리를 창출할 수만 있다면 우리가 꿈꾸던 '조화로운 미래'가 되겠지만 이는 어디까지나 긍정적인 측면의 예측일 뿐이다.

하지만 실제로 로봇과 함께 할 수 있는 인력들을 채용한다는 기업도 생겨나는 추세다. 최근 대학병원에 자리한 IBM의 의료장비 왓슨이 의사와 함께 환자의 상태를 확인하고 치료를 하는데 있어 지대한 영향을 끼치고 있는 모습을 보면 로봇과의 융합은 어느 정도 가능해진 셈이다. 일자리 경쟁이 아니라 새로운 일자리를 창출해 로봇과 협업할 수 있다는 측면에서 바라보면 얼마든지 긍정의 효과로 치환할 수 있을 것 같다.

2017년 9월, 산업통상자원부가 주최한 전시회 '로보월드'가 킨텍스에서 개최되었다. 이 자리는 4차 산업혁명이 주목하는 로봇기술들을 펼쳐 보이는 경연의 장이었다. 로봇의 형태를 갖추기 위한 세부적인 부품과 산업형 로봇, 휴보와 같은 서비스용 로봇에 이르기까지 다양한 산업 분야에서 선을 보였다. 기술은 날로 발전하고 있고 로봇과 관련한 인재들이 충분히 양성된다면 우리는 곧 우리가 꿈꾸던 로봇과 함께 미래를 살게 될 것이다. 각종 SF가 기계 반란으로 인한 세상의 멸망과 디스토피아에 가까운 미래상을 그린 바 있지만, 우리에게 친화적이고 편리함을 부여해줄 로봇과 함께 살게 될 날을 기대해보는 것도 좋지 않을까.

5화

새로운 차원에 접어든
3D 프린팅

도트에서 레이저를 넘어

도트프린터^{dot matrix printer}를 알고 있는 사람이 과연 얼마나 있을까. 오래 전 물건인 도트프린터는 아주 요란한 소리를 내며 하얀 종이 위로 수많은 점을 찍어댔다. 그러한 점^{dot}들이 하나씩 모여 글씨를 이루었다. 도표를 그려내기도 했지만 삐뚤삐뚤해서 표라고 불릴만한 모습을 겨우 유지하고 있었다. 도트프린터는 여러 분야에서 사용이 되기도 했지만, 영수증이나 택배 운송장을 출력할 때와 같은 몇몇 상황을 제외하고는 이제 보기 힘든 유물이 되고 말았다.

프린터는 레이저를 활용하는 형태로 변모했다. 소음은 크게 줄어들었고 인쇄에 걸리는 시간 또한 눈에 띄게 줄었다. 부피가 조금 커졌다 할지라도 레이저 프린터laser priner는 전 산업분야에 혁명과도 같은 존재였다. 과거 대동여지도를 만들었던 고산자 김정호가 이러한 인쇄기술을 만나게 되었다면 수많은 목판을 직접 깎고 파낼 일은 없었을 텐데 말이다. 물론 통일신라의 목판 인쇄술이나 직지심경을 제작할 때 쓰인 금속활자 기술, 서양에서 발달한 구텐베르크 인쇄술 등이 거듭되며 인류가 경험을 누적하고, 그 결과 현대 프린터의 탄생을 이끌었다고 해도 무방하겠지만 말이다.

3차원으로 진화한 프린터

앞서 언급했듯, 프린터는 도트에서 레이저나 잉크젯을 활용한 기술로 변화해 지금까지 사용되고 있다. 그런데 종이 위로 글씨나 그림을 찍어내던 인쇄 기술이 3차원의 물체를 만들어낸다고 한다. 세상이 참 좋아졌다는 놀라움을 넘어 신비하고 획기적인 진화라고 언급할 수 있을 만큼 3D 프린팅 기술은 4차 산업혁명이 가져온 혁명 그 자체다.

3차원 프린팅 기술은 말 그대로 프린터를 이용해 물체를 만드는 기술인데 종이에 글자를 인쇄하는 방식과 유사하다. 일반적인 프린터는 보통 잉크를 뿜어내 글자를 찍는다. 그러나 3D 프린터는 플라스틱이나 메탈, 심지어 식품용 소재를 이용해 출력 소스로 활용한다. 미리 설계했던 도면과 결과물에 필요한 소스를 입력해 출력 버튼을 누르면 원하는 결과물이 아래로부터 서서히 쌓이게 되는 형태다.

뿌려지는 출력 소스를 빛이나 공기를 통해 굳히는 경우가 있다. 이렇게 되면 차츰차츰 굳고 쌓인 소재들이 점차 형체를 만들게 되는 것이다. 이를 일컬어 적층가공additive manufacturing이라고 한다. 도면을 짜고 인쇄를 해서 적층하여 가공하는 시간은 몇 시간에서 며칠까지 소요될 수 있다고 한다.

물론 형체가 완료되었다고 해서 바로 완성으로 이어지지는 않는다. 결과물이 나오면 겉면을 다듬어내고 부드럽게 만드는 추가 시간도 필요할 수 있다. 3D 프린터는 우리가 흔히 사용하는 잉크젯 프린터와 구동하는 방식이 비슷하기 때문에 큰 차이를 느낄 수 없을 정도다. 종이 위에 글자를 찍어내는 것과 적층 방식으로 천천히 쌓아가는 형태라는 측면으로만 보면 인쇄방식만 조금 다를 뿐이다. 이러한 3D 프린터는 제조업에 있어 상당한 변화를 이루게 될 것이다. 더구나 산

3D 프린터 출력물
3D 프린터로 제작한 로켓
모형.

업 분야에서도 어마어마한 기술이 될 것이기에 4차 산업혁명에서 주
목할 만한 신기술이라 할 수 있겠다.

제조, 의료, 공공 분야는 물론 재난 물자까지

보통 제조업에서는 새로운 아이디어를 통한 기획이 우선시되고
제조와 생산으로 이어진다. 일단 양산이 되면 차츰 개선이 이루어져
보다 완벽한 제품을 만들어낸다. 3D 프린터 역시 어떠한 물건을 만
드느냐에 따라 도면이 달라지는데 기본적으로 기획이 완성되면 캐
드CAD, Computer Aided Design와 같은 산업디자인 프로그램을 통해 제품의
디자인을 계획하고 수정해 설계도를 만든다. 이 설계도를 입력해 3D

프린터를 구동시키면 우리가 원했던 제품의 형태가 나오게 되는 것이다.

제품의 설계도를 보고 재료를 구비해 사람이 하나하나 잇고 두드려 만들어낸 제품이나 재료를 준비하고 주조와 기계를 통해 나오는 제품과 달리 3D 프린터는 미리 준비해둔 재료만 있으면 제품이 탄생하는 것이니 산업분야에서 각광을 받을 수밖에 없다. 3D 프린팅 기술은 로봇 산업에서도 활용될 수 있고 자동차 모델링, 항공이나 방위산업, 가전제품의 디자인을 위한 제품 모델링, 영화나 방송 제작, 아이들을 위한 완구 만들기 등에서도 충분히 적용될 수 있다.

또한 의료 분야에서도 큰 도움이 될 것으로 보여 의료진들도 눈여겨보고 있다. 서울성모병원의 경우, 3D 프린팅 기술을 가장 활발하게 활용하고 있는 곳 중 하나로 생체재료 인공지지체 제조와 판매를 하는 주식회사 티앤알바이오팹 및 포항공과대학와 함께 3D 프린팅 기반 연구 개발에 협력하기로 했다.

2016년 4월, 서울성모병원은 3D 프린팅 기반 임상센터를 오픈했고 안면기형을 앓고 있는 환자에게 3D 프린팅 기술을 활용해 생체 이식을 성공한 바 있다. 3D 프린팅으로 얼굴뼈를 만들고 기존의 보형물을 대체하여 이식한 것이다. 치료를 통해 환자의 실제 뼈가 다시 자라나도록 도울 계획이기 때문에 이식된 보형물은 점차 분해되어

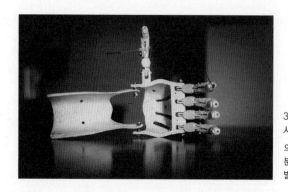

3D 프린팅 기술을 이용한 사례

의수나 의족 제작처럼 의료 분야에서도 3D 프린터가 활발히 응용될 예정이다.

사라질 수 있다고 한다. 이렇게 되면 온전히 본래의 신체를 되찾을 수 있는 셈이다.

성공사례는 또 있다. 3D 프린팅 기술을 이용해 죽은 심장세포를 효과적으로 재생시키는 기술이 등장한 것이다. 화제를 부른 이 기술은 줄기세포와 같은 미세한 것들을 3D 세포 프린팅으로 배열해 각 세포 간 상호작용을 극대화시켜 괴사된 심근 조직의 혈관 생성을 돕는다고 한다. 여기서 중요한 역할을 한 것이 바로 3D 프린팅 심근패치다. 이밖에도 환자의 신체 부위를 그대로 모델링하고 출력한 뒤 실제 수술 이전에 가상 수술을 해볼 수도 있다. 실전에 들어가기 위한 연습이기 때문에 성공 가능성을 높이는 데 충분히 활용될 수 있을 것이다.

아직까지 사용 가능한 소재의 종류가 제한적이기는 하다. 더구나

3D 프린터가 작동하는 모습
3D 프린터로 모형 집을 만
들고 있다.

생산 속도가 느리기 때문에 생산 단가도 높아질 수 있겠지만 이러한 것들이 충분히 보완된다면 각 산업분야에서 용이하게 쓰일 수 있는 잠재력을 지녔다.

미국에서도 3D 프린터를 활용한 산업 인프라 조성을 추진하고 있고 독일에서는 산업분야에서 3D 프린팅 기술을 융합해 생산과정의 자동화와 최적화가 가능한 스마트 팩토리 구현을 추진하기도 한다. 우리와 가까운 나라, 중국과 일본 역시 3D 프린팅 기술을 활용한 제조업에 적극적으로 지원하고 있다.

우리나라는 과학기술정보통신부가 앞장서 '공공부문 수요창출을 위한 시범사업'과 '3D 프린팅 지역 특화산업 시범 사업'을 추진 중에 있다. 국방부와 국토해양부, 국민안전처 등에서 항공기 부품, 철도 유지보수를 위한 부품, 재난 구호물자 등에 활용할 수 있는 맞춤형

제품 제작을 위해 3D 프린팅 기술이 접목될 것으로 보인다. 더불어 3D 프린팅 기술을 보유한 기업이나 연구소 등과 각 지역 특화산업이 연계하여 3D 프린팅 기술 네트워크가 구성되게 되면 기술 활용은 물론 시장 확산에도 큰 도움이 될 것이다.

이처럼 3D 프린팅 산업이 부상하게 되면서 이와 관련한 직무가 생겨나리라는 전망도 있다. 3D 디자인을 설계하는 3D 프린팅 모형 제작자가 존재하게 될 것이고, 프린터를 설치하거나 정비해주는 전문가, 실제 기계를 조작해주는 실무자, 사용 방법을 교육하는 강사 등이 필요해질 것이다. 더구나 3D 프린팅과 관련한 자격증도 생겼다. 3D 프린팅 마스터나 3D 프린터 조립 전문가, 3D 프린팅 전문 교사 등의 민간자격과 더불어 3D 프린터 개발산업기사와 3D 프린팅 전문운용사 등의 국가 자격증도 신설되었다.

4차 산업혁명 시대에 주목받을 수 있는 유망직업과 유망분야 자격증은 조금씩 늘어나고 있다. 빅데이터 분야의 의료정보 분석사, 로봇 분야의 로봇 소프트웨어 개발이나 하드웨어 개발 이와 더불어 3D 프린터 분야 역시 가까운 미래의 유망분야 자격이 될 수도 있다고 하니 흥미가 있다면 관심을 가져볼 만하다.

범죄에 악용될지 모른다는 우려 혹은 기우

이론적으로는 3D 프린터로 무엇이든 다 만들어낼 수 있다고 하는데, 권총과 같은 무기도 만들 수 있다니 더욱 놀라지 않을 수 없다. 실제로 일본에서는 3D 프린터를 이용해 권총을 만든 사례가 있다고 보도되었다. '그래봐야 모형이나 장난감이겠지'라고 생각할 수 있지만 발사 실험에도 성공했다고 하니 3D 프린터는 정말 무엇이든 만들어낼 수 있는 '창조물 위의 창조물'이었다.

미국의 경제지 〈포브스Forbes〉는 2013년 5월, 세계 최초의 3D 프린터가 만들어낸 권총 사진을 소개했다. 겉보기에는 장난감 같이 어설프지만 못 하나가 발사될 수 있을 만큼 무기로써의 가능성을 배제할 수 없었다. 늘 그렇듯, 3D 프린팅에도 규제는 필요하고 설계도에 대한 보안 역시 필요하다. 누군가 무기 도면을 만들어 퍼지게 된다면 불법적인 플라스틱 무기가 우후죽순 늘어나게 될 것이고 전국은 떠들썩하게 될지도 모른다. 대한민국이 총기를 엄격히 규제하고 있는 나라라고 하지만, 3D 프린터가 활성화되고 총기 도면이 떠돌아다니게 된다면 플라스틱 권총이 뒷골목에서 유통되는 것을 막을 수 있는 방법이 뚜렷하지 않다.

본래 모든 창조물은 긍정적 효과를 기대하며 이 땅에 태어났을 것이다. 무엇보다 세상에 펼쳐진 산업에 기여하고 인류에 이바지한다는 차원에서 탄생한 것임에도 이를 악용하는 사례는 충분히 존재할 수 있다. 3D 프린팅 역시 마찬가지여서, 불법적인 일에 악용될 가능성은 있지만 지나친 염려는 기우에 불과할 수도 있겠다. 악용의 여지가 있는 일부 사례에 한해 제도적으로 규제안만 올바르게 마련이 된다면 3D 프린터는 우리가 주목할 수밖에 없는 무궁무진한 잠재력을 보여줄 것이다. 프린터는 이렇게 다시 한 번 진화했다. 2차원 출력으로 수십 년간 지속해왔던 프린터의 진화는 4차 산업혁명을 통해 지금 이 세상에 안착하기에 이르렀다. 더구나 업계를 막론하고 다양한 분야에서 활용될 것으로 예측되고 있으니 신성장동력으로써의 가치 또한 충분하다고 볼 수 있겠다.

PART 3

블록체인이
가져올 변화

1화

대한민국을 뒤흔든
비트코인

꺼지지 않을 이슈

달콤한 꿈을 꾸다가 아침에 눈을 뜨면 우리는 또 다른 하루를 맞이하게 된다. 급변하는 IT 트렌드는 오늘도 변화의 물결을 타고 쏜살같이 지나간다. 어제 하루를 뜨겁게 달궜던 이슈는 시계 바늘이 돌아가는 흐름에 따라 점차 시의성의 빛을 잃어간다. 다만 IT 분야에서 퇴색은 큰 의미가 없다. 10년이 지나고 100년이 지나면 그것은 지금 이 시대에 빛을 발하던 혁신으로 기억되어 역사가 되고 나아가 전설이 된다. 내일이 되면 우리는 과거에 머릿속으로 그리던 미래지향적

제품이 탄생하는 모습을 두 눈으로 확인할 수도 있다. 우리가 손에 쥔 미래는 해를 거듭하면서 진화하게 마련이다. 뉴스는 시의성을 잃고 사라지겠지만 뉴스를 통해 등장한 IT 트렌드는 그저 진화할 뿐이다.

그런데 암호화폐에 대한 이슈는 조금 달리 보인다. 암호화폐는 비트코인 등을 포함하는 용어로, 요즘은 일상생활에서도 흔히 들을 수 있는 말이 되었다. 지갑에서 돈을 꺼내 물건을 사던 지극히 평범한 유통 행위는 지금의 자본주의 사회를 살아가는 우리에게 너무도 익숙한 일이다. 암호화폐가 세상 밖으로 나와 교환 경제 속에서 유통되는 경우도 실제로 존재하고 있지만, 사실 극히 드물다고 할 수 있다. 우리나라에서는 특히 그러하다. 암호화폐를 두고 진짜로 유통할 수 있는 화폐로 활용될 수 있을지, 하루하루 등락을 반복하는 정해지지 않은 시세와 투자를 어떻게 규제하고 규정해야 할지 아무도 모른다.

대한민국의 2017년은 암호화폐로 인해 매우 뜨거운 한 해가 되었다. 뚜렷한 정책이 등장한 것도 아니고 명확하게 규정하기도 어려운 부분이 있어 내일이 되어도 퇴색될 수 없는 절대적인 이슈거리이자 트렌드로 이어질 전망이다. 감히 예상해보건대, 정책이라는 것이 정해진다고 해도 암호화폐의 존재가 지구상에서 사라질 수 없기에 우리는 비트코인Bitcoin이라 부르는 암호화폐와 암호화폐의 기반이 되고 해킹을 막아주는 블록체인에 관심을 가질 수밖에 없다.

요동치는 시세

필자는 주식에 지대한 관심을 갖고 있는 수많은 개미 투자자 중 하나에 속한다. 평일 9시 주식 시장이 열리면 증권 시세판에는 빨간색과 파란색이 혼재되어 다양한 주식 종목의 주가가 오르락내리락 등락을 시작한다. 정부는 물론이고 미국이나 중국, 유럽에 이르기까지 주요 인사들의 다양한 목소리나 각 국의 정책 변화가 한국의 주식 시장을 요동치게 만드는 원인이 되기도 한다. 때로는 더할 나위 없는 호재로 작용하기도 하고 때로는 충격적인 악재가 작용해 화살표의 방향을 바꾼다. 우리는 이렇게 주식 시장 내에서 나비 효과butterfly effect라는 단어가 무엇을 의미하는지 몸소 체험한다.

2017년 우리나라는 암호화폐에 대한 이슈로 매우 뜨거운 시기를 보낸 바 있다. 주식 시장은 그 어느 때보다 높은 지수를 유지하며 매우 활발하게 돌아갔는데, 그렇다면 암호화폐 시장은 어땠을까. 암호화폐를 대중에게 알린 것은 비트코인의 역할이 크다. 비트코인과 같은 암호화폐 거래도 주식시장과 유사할 것이라고 생각하기 쉽지만, 24시간 거래가 가능하고 비트코인뿐만 아니라 이더리움, 리플, 모네로 등 수많은 종류의 코인이 존재하고 있다. 암호화폐 거래가 24시간

내내 요동을 치니 모험에 따른 리스크가 생길 수도 있다. 이 때문에 도박이나 투기라는 목소리도 분명히 존재했다. 짙은 안개로 인해 앞이 보이지 않는 미지의 영역이 실체를 드러내는 순간이 도래한다면 언제라고 단언할 수 없는 미래에 나는 쉽게 그 실체와 손을 잡을 수 있을까. 암호화폐가 이미 이 세상에 존재하고 있지만 우리가 살고 있는 교환경제사회에 제대로 뿌리를 박게 된다면 암호화폐로 원하는 물건을 구매할 수 있겠다는 상상을 해보게 된다. 그러나 여전히 우리는 안개 속을 걷고 있다.

몇 달 전, 등락폭이 심했던 비트코인 가격을 거래소를 통해 확인한 뒤 입이 벌어졌다. 코스피나 코스닥에서 볼법한 주식 종목의 일반적 주가를 몇 배나 뛰어넘는 가격대에 있어 비교도 할 수 없을 정도였다. 암호화폐에 투자한 사람들 대다수가 꼭두새벽에도 일어나 거래를 한다고 들었는데 그 말은 사실이었고 충분히 그럴만하다고 느꼈다. 24시간 종일 거래가 되니 수익을 위해서라면 졸린 눈도 비벼가며 몰두할 수밖에 없을 것 같았다. 암호화폐에 대한 이야기는 뉴스와 각종 커뮤니티, SNS 등 어디서든 쉽게 볼 수 있을 정도가 되었다. 그만큼 뜨거운 화제였고 아직까지도 그 영향과 여파는 이어지고 있다. 필자는 대부분의 사람들처럼 암호화폐에 대해 지대한 관심을 갖고 있지만 암호화폐 세계와는 아무런 관련이 없다. 그러나 암호화폐에

비트코인

암호화폐 비트코인은 2017년 대한민국을 뜨겁게 달궜다.

대한 주제는 이제 일부 투자자뿐 아니라 모두가 알아두어야 할 일반 상식이 되어가고 있다. 우리도 이에 대해 조금 더 알아보자.

도토리와 별풍선 그리고 암호화폐

암호화폐라는 말만 들으면 사이버머니를 먼저 연상할 수 있다. 과거 우리는 화폐라는 도구를 지금처럼 사용하기 이전에 물물교환으로 원하는 물건을 손에 쥘 수 있었다. 쓰임새가 있을만한, 즉 가치가 있는 물건들을 내가 원하는 물건들과 상호 합의하에 교환하는 방식으로 생활해왔다. 아주 오래전부터 '물건'은 화폐 그 자체였다. 그리고 지금의 '돈'이 생겼다. 사전적 의미의 화폐가 교환경제 사회라는 테두리 안에서 상품의 유통을 원활하게 하기 위한 수단이니 돈 역시 화폐의 일종이자 같은 정체성으로 이해하면 된다. 동전이나 지폐 형태의 화폐는 그 모양이나 디자인을 변모하면서 탈바꿈을 거듭했다.

인터넷이 생기면서 온라인상에서 사용할 수 있는 사이버머니라는 것이 등장하게 되었다. 오프라인에서 활용하던 돈의 가치와 유통 흐름이 온라인 세계로 진입하게 된 것이다. 초창기 SNS라 할 수 있는 싸이월드가 한창 선풍적인 인기를 모았을 때 우리는 실제 돈을 입금하고 '도토리'를 충전했으며 이를 통해 원하는 아이템을 확보할 수 있었다. 1천억 원이 넘는 매출은 싸이월드의 전성기를 이끌었는데, 매출 대부분이 도토리를 이용한 아이템과 음원 판매에서 나왔다. 네이버와 카카오와 같은 포털사이트는 각각 네이버 캐시와 초코라고 불리는 온라인용 화폐를 만들기도 했다. 동영상 전문 채널 아프리카TV에서는 별풍선 등의 유료 아이템이 일반적인 지불 도구가 되었다. 크리에이터가 동영상을 제작해 송출하거나 라이브로 방송할 경우 이를 시청하고 있는 사용자들이 영상이나 크리에이터에 대한 만족도를 별풍선이라는 선물로 표현할 수 있도록 했다. 물론 크리에이터들은 온라인 아이템인 별풍선을 현금화할 수 있다. 알려진 바에 의하면 2016년 12월 한 달간 잘나가는 아프리카 BJ 스무 명의 수입만 약 10억 원에 달한다고 한다. 이렇게 되면 그들의 연간 수입은 억대 연봉이라는 계산이 나온다. 별풍선은 아프리카TV에서 가장 필수적인 아이템이 되었다.

이처럼 온라인에서 활용되는 거래 도구와 달리 비트코인과 같은 암호화폐는 화폐를 발행하는 '누군가'가 없다는 점에서 주목해볼 만하다. 도토리^{현재 포도알}는 싸이월드가 만든 사이버머니고 별풍선은 아프리카TV에서 유통되는 온라인 화폐인데 비트코인이나 리플^{Ripple}과 같은 암호화폐는 어떤 기업이나 기관, 특정 개인이 만들어내는 것이 아니기 때문이다. 그런데 암호화폐를 채굴 또는 구매 등의 방법으로 보유하게 되면 얼마든지 유통할 수 있고 현금화 또한 가능하다고 알려져 있다. 그러니 이 글을 쓰고 있는 필자나 이 글을 읽고 있는 당신도 암호화폐의 주인, 즉 발행 주체가 될 수 있다.

그럼 암호화폐는 어떻게 발행이 가능할까? 비트코인과 같은 암호화폐를 생성하는 생성기가 존재하는데 이를 일컬어 '채굴기'라고 한다. 고성능 컴퓨터에 탑재된 그래픽카드를 통해 연산을 하고 암호화폐를 채굴^{mining}하는데 사용되는 시스템으로 알려져 있지만 그런 채굴기를 보유하고 있다고 해서 모두가 쉽게 채굴할 수 있는 것은 아니다.

생각해보자. 지구상 어딘가, 그것도 얼마나 있을지 모를 다이아몬드를 찾기 위해 채굴 작업을 한다. 어떻게 보면 땅속에 파묻힌 수많은 돌의 한 종류일 뿐이지만 그 가치는 어마어마했다. 영롱한 빛을 뿜어내는 다이아몬드를 과거 권력을 가진 지배자들이 손에 쥐게 되면서 다이아몬드의 가치는 하늘 높은 줄 모르고 높아져만 갔다. 땅을 파내고 다이아몬드를 품은 광물을 꺼내 일정한 방법으로 연마를 하게 되면 그야말로 '영원한 보석'이 된다.

암호화폐 역시 일정한 수량이 존재하고 있으며 오랜 시간 채굴기를 돌려 하나의 코인coin을 확보할 수 있게 된다. 물론 오랜 시간, 여러 대의 채굴기를 돌리면 여러 개의 코인을 얻을 수도 있을 것이다. 그러나 다이아몬드를 캐듯 채굴하는 기술과 노력, 시간이 전부 해결해주는 것은 아니다. 암호화폐 채굴에는 컴퓨터를 통해 아무도 풀 수 없을 만큼 어려워 보이는 수학 문제를 풀어내듯이 정해진 암호를 풀 수 있을만한 연산 능력을 탑재하고 있어야 한다. 고성능 컴퓨터를 수십 대에서 수백 대, 많게는 몇 천 대를 돌리고 돌려야 겨우 하나를 얻을까 말까한 수준이라고 한다. '채굴기'라고 표현되고 있는 컴퓨터의 각 연결 구성은 공장을 방불케 한다. 강원도 어느 건물에서는 이러한 컴퓨터들이 24시간 쉬지 않고 작업을 하는 바람에 과부하를 일으켜 화재가 일어나기도 했다.

사실 채굴기라 불리는 컴퓨터는 메인보드, 그래픽카드, CPU가 탑재된 일반 컴퓨터와 구성요소 측면에서 크게 다르지 않지만 가장 주목해야 할 부분이 바로 그래픽카드다. 채굴기에는 약 여섯 개의 그래픽카드가 탑재되어 있고 24시간 종일 채굴 작업을 하기 때문에 어마어마한 전기를 잡아먹는다. 강원도의 채굴기 화재는 예상된 인재人災였을지도 모른다. 이렇게 묵직한 채굴기를 100여 대 보유하고 있다면 약 1천만 원 이상의 전기세가 투입된다. 5천 대 가량 사용하게 되면 약 1만 가구가 사용하는 전기량과 맞먹는다. 공장 같은 곳이야 산업용 전기를 쓰도록 되어 있는 것이 일반적이지만, 이러한 채굴장은 일반 전기를 사용하도록 되어 있다. 비트코인 채굴에 필요한 전력은 산업용으로 사용할 수 없기 때문이다. 산업용 전기가 일반 전기보다 가격 면에서 저렴하니 산업용으로 전환해 사용하다가 규제를 당하는 경우도 존재한다. 암호화폐 세계에서 불리는 '코인'은 이처럼 어렵고 복잡한 과정을 거쳐야 하므로 그 가격이 천정부지 폭등하는 현상이 어쩌면 자연스러운 것인지도 모르겠다.

비트코인과 같은 암호화폐의 단위를 '코인'이라고 부른다. 암호화폐라는 말은 가상화폐라는 키워드와 혼용되기도 한다. 정보통신 분야나 각종 미디어에서는 통상적으로 암호화폐라 부르는데 영어로는 암호라는 뜻의 'crypto—'와 화폐라는 뜻의 'currency'를 합쳐 'cryptocurrency'라고 한다. 가상세계에 존재하고 있는 화폐이기 때문에 '가상假想'이라는 의미의 'virtual'과 화폐를 합쳐 'virtual currency'라고도 한다. 또한 입출금할 때 쓰이는 계좌를 암호화폐 세상에서는 '지갑wallet'이라 부른다.

암호화폐의 대명사 비트코인

암호화폐를 일컬을 때 가상화폐라는 용어는 물론이고 비트코인이라는 이름을 대명사처럼 활용하는 경우가 있다. 가상화폐에 투자해봤냐는 질문보다 "비트코인 하니?"라는 말이 익숙할 정도니 비트코인은 그야말로 암호화폐의 대표주자라 하겠다. 그도 그럴 것이 비트코인 자체가 암호화폐 중 가장 처음으로 고안된 코인이다. 익히 알려진 것처럼 사토시 나카모토Satoshi Nakamoto라는 정체불명의 프로그래머가 만들어낸 온라인 암호화폐로, 개발자는 이름 때문에 일본인으로 생각되고 있었다. 1달러가 동전인 센트로 쪼개지듯이 1BTC비트코인도 더 작은 단위로 나눠지는데, '사토시'는 이 작은 단위를 부르는 명칭으로도 쓰인다. 사토시 나카모토의 실체는 아무도 알지 못했으나, 호주 출신의 컴퓨터 프로그래머 크레이그 라이트Craig Wright가 사토시라는 이름 뒤에 가려진 진짜 인물이라는 이야기가 흘러나왔다. 하지

다양한 종류의 암호화폐
암호화폐에는 수많은 종류가 있지만 그중 활발히 거래되는 것은 많지 않다.

만 실제 그가 비트코인을 개발했는지, 나카모토 사토시의 진짜 모습
인지는 여전히 명확하지 않다.

　이미 언급한 것과 같이 비트코인 역시 수많은 암호화폐 중 하나에
불과하다. 2014년에는 이더리움Ethereum이 탄생했고 이후 익명성이
강하다고 알려진 모네로Monero, 중국의 네오NEO, 코인 수량이 1천억
개로 한정되어 있다는 리플 등이 존재한다. 비트코인을 제외한 모든
암호화폐를 일컬어 알트코인Altcoin이라 부르기도 한다.
　이 가운데 리플은 모든 코인을 리플랩스라는 곳에서 발행하고 유
통한다. 일반적으로 암호화폐는 발행 주체가 없는 것이 특징이지만

리플 홈페이지
'XRP(리플) 디지털 자산'이라고 적혀 있다. XRP는 리플의 단위를 말한다.
출처: ripple.com/xrp

리플만큼은 다르다. 퀀텀이라는 암호화폐도 존재하는데 중국 최초의 블록체인 기반 코인인 네오와 더불어 중국에서 각광받는 대표적인 암호화폐. 싱가포르의 퀀텀재단Quantum Foundation에서 개발되었지만 중국의 자본력으로 인해 중국판 이더리움이라 불리며 비트코인과 이더리움의 장점을 뽑아 결합한 코인이다.

이처럼 다양하게 존재하는 암호화폐 중 대세는 역시 비트코인일 것이고 한동안 화제를 모았던 코인은 리플 정도라 할 수 있겠다. 눈여겨볼 만한 기사가 있다. 거래소를 통해 거래되는 비트코인과 리플의 '가격시세'은 큰 차이를 보이고 있지만, 가격이 낮더라도 잠재력이 큰 리플의 가능성을 두고 리플 창업자 크리스 라슨Chris Larsen이 세계

정상의 대부호로 올라서게 될지 모른다는 것이다. 리플은 크리스 라 슨과 웹 개발자였던 라이언 푸거Ryan Fugger가 공동으로 개발한 암호화 폐인데 국제 송금과 기업 간 송금에 특화되어 있고 리플의 기술을 활 용한 금융 회사들이 늘어나고 있다는 점에서도 다른 암호화폐와 차 별화될 수 있다. 개인보다는 기업 간 거래를 위한 것이라 송금에 걸 리는 시간도 짧다. 시중에서 사용하게 되는 통화로서의 목적보다는 금융 거래 자체를 주목적으로 두고 있으므로 채굴이라는 방식을 택 하지 않았으며, 정해진 수량으로 한정되어 있다. 비트코인이 암호화 폐의 대표주자라고 한다면 리플은 알트코인 중 대표될만한 암호화 폐로서 비트코인을 대체할만한 가치를 가진다.

빗썸, 업비트… 수많은 거래소들

이더리움 역시 알트코인을 대표하는 암호화폐다. 비트코인에 활 용된 핵심 기술을 블록체인block chain이라 하는데 이더리움 역시 이 기 술을 활용해 고안되었다. 이더리움은 2015년 서비스를 시작했는데, 이더리움을 개발한 러시아 태생의 비탈릭 부테린Vitalik Buterin이 불과 스물한 살 때 일이다. 그는 이더리움 서비스를 공개하기 이전에 암호

코인	시가총액 ⇕	실시간 시세 ▼	변동율 (%) ⇕ 24시간 ▼	거래금액 ⇕	보조지표	매수 / 매도
비트코인	133조 5697억	9,640,000 원	-1,259,000 원 (-11.55 %) ⬇	(≈ 218,760,693,596 원)	보조지표	매수 · 매도
이더리움	78조 0171억	734,000 원	-94,000 원 (-11.35 %) ⬇	(≈ 35,207,139,414 원)	보조지표	매수 · 매도
리플	30조 3646억	844 원	-94 원 (-10.02 %) ⬇	(≈ 155,617,046,880 원)	보조지표	매수 · 매도
비트코인 캐시	16조 7468억	1,071,000 원	-151,000 원 (-12.35 %) ⬇	(≈ 9,334,730,528 원)	보조지표	매수 · 매도
라이트코인	8조 1405억	180,500 원	-22,100 원 (-10.90 %) ⬇	(≈ 11,619,127,063 원)	보조지표	매수 · 매도
이오스 ⓜ	5조 4406억	6,230 원	-810 원 (-11.50 %) ⬇	(≈ 101,315,699,264 원)	보조지표	매수 · 매도
대시	4조 2940억	501,000 원	-72,000 원 (-12.56 %) ⬇	(≈ 2,439,582,554 원)	보조지표	매수 · 매도
모네로	3조 3874억	277,800 원	-67,500 원 (-19.54 %) ⬇	(≈ 16,921,669,727 원)	보조지표	매수 · 매도
이더리움 클래식	1조 9189억	23,240 원	-540 원 (-2.27 %) ▼	(≈ 198,464,231,114 원)	보조지표	매수 · 매도
쿼텀	1조 7233억	19,840 원	-3,290 원 (-14.22 %) ⬇	(≈ 31,542,807,911 원)	보조지표	매수 · 매도
비트코인 골드	1조 5651억	84,700 원	-12,900 원 (-13.21 %) ⬇	(≈ 6,339,291,534 원)	보조지표	매수 · 매도
제트캐시	1조 1782억	319,000 원	-54,500 원 (-14.59 %) ⬇	(≈ 1,738,182,003 원)	보조지표	매수 · 매도

비트코인 차트

빗썸

빗썸 홈페이지에 각종 코인의 시세와 비트코인 가격 그래프가 올라와 있다. (2018년 3월 9일 자료)
출처: bithumb.com

화폐를 이용한 자금 모집 방법을 의미하는 ICO^{initial coin offering}, 가상화폐 공
개로 3만 비트코인의 자금을 모아 이더리움 개발에 활용했다. 비탈릭
부테린은 프로그래머이면서 암호화폐, 비트코인, 블록체인 기술 등

에 관한 글을 여러 차례 기고했다. 이더리움 역시 채굴 방식으로 얻을 수 있는 암호화폐다.

이와 같이 전 세계에 뿌려진 코인을 누가 들고 있는지 그 실제를 알 수 없으나 분명한 것은 몇 개의 거래소가 운영되고 있고 그 안에서 코인 거래가 이루어지고 있으며 이를 통해 수익을 얻어가는 사람과 잃는 사람 또한 뚜렷하게 존재하고 있다는 것이다. 우리나라에는 빗썸Bithumb, 업비트Upbit, 코인원Coinone, 코미드Komid 등 여러 거래소가 존재하고 있으며, 이 중 브랜드평판으로는 빗썸이 1위로 알려져 있다.

암호화폐를 이용한 자금 모집 방법, ICO

새로운 암호화폐가 개발되면 이를 투자자들에게 배분해주는 것을 명분으로 자금을 끌어 모으는 일종의 크라우드 펀딩이다. 투자자들은 현금이 아니라 암호화폐를 보상으로 받게 되는 구조며 거래소에 상장될 경우 차익이 발생되면 수익화할 수 있다.

아직은 어지러운 시장

2017년 6월, 국내 최대 거래소인 빗썸이 해커로 인해 공격받는 사건이 있었다. 빗썸은 국내 암호화폐 거래의 약 70%를 차지하고 있었고 회원 수 또한 무시할 수 없는 수준이었는데, 해커가 사이버 공격을 시도해 약 70만 명의 회원 중 3만 명의 개인정보가 유출되었다. 2013년 12월 땡글거래소라는 이름으로 오픈해 거래를 시작한 주식회사 야피안의 유빗Youbit 역시 2017년 12월 해킹을 당해 파산에 이르렀다. 유빗은 물론이고 빗썸과 같은 거래소에서는 암호화폐 거래 이용 시 유의사항에 대해 다음과 같이 안내하고 있다.

> "암호화폐는 정부가 보증하는 법정화폐가 아닙니다. 규제나 시장 환경 변화에 따라 암호화폐 가치에 부정적인 영향을 받을 수 있습니다. 주식 시장과 같은 상하한 가격 제한폭이 없으며, 24시간 전 세계에서 거래가 이루어지다보니 기존 주식시장의 안정장치들을 그대로 적용할 수도 없습니다. 가격 급등락 시 그 변동성은 더욱 커질 수 있으며, 가치 변동률이 제한 없이 급변하여 막대한 손실로 이어질 수도 있습니다."
>
> — 유빗youbit.co.kr 안내문 중에서

너무도 당연한 언급이다. 정부의 규제나 시장 환경 변화에 따른 암호화폐 가치는 상하한 제한폭이 없으므로 그 변동성은 엄청나게 커진다. 막대한 손실로 이어질 수도 있지만 엄청난 수익을 얻을 수도 있는 것이 암호화폐의 현실이다. 다만 분명히 해야 할 것은 '투자는 투자자의 책임'이라는 점. 유빗 역시 무리한 투자를 지양하도록 권고하고 있고 "검증되지 않은 암호화폐는 상장 폐지의 우려가 있고 시세 조종에 대한 위험이 뒤따를 수 있다"며 각별히 유의해달라는 언급도 빼놓지 않았다.

비트코인부터 리플, 대시, 모네로, 제트캐시 등 암호화폐에는 우리가 익히 알고 있는 것만도 종류만 해도 꽤 다양한 편이다. 하지만 검증되지 않은 암호화폐들 역시 시장에 난립되어 있다. 암호화폐 시장은 제도적으로 명확하게 규정할 수 없는 미개척지나 다름없음에도 상장되었다가 폐지되는 코인이나 검증되지 않은 코인들의 시세 조종에 따른 리스크에도 유의해야 한다는 뜻이다.

빗썸이나 코인원, 업비트 등 거래소만 서른 곳이 넘는 상황에서 2018년 1월 5일 비트코인과 이더리움 등의 암호화폐를 거래할 수 있는 코미드Komid가 출사표를 던져 실시간 검색어 상위에 랭크되기도 했다. 일본에서는 여전히 암호화폐 거래가 뜨겁고, 프랑스의 어느 암호화폐 거래소는 한국 시장에 진출하려는 계획도 갖고 있다. 국내 거래소인 빗썸은 암호화폐로 숙박 예약과 결제까지 가능하도록 했다. 변화의 물결이 거센 파도와 같으니 앞으로 암호화폐 세계가 어떻게 흘러갈지 귀추가 주목된다.

2화

암호화폐 시장과
맞붙는 정부

시장 규모만큼 늘어나는 피해자

암호화폐에 대한 관심은 여전히 뜨겁다. 하루에도 어마어마한 돈이 거래되고 있고, 거래하는 회원 수 역시 정비례하는 만큼 셀 수 없을 수준이다. 암호화폐에 투자하는 투자자들은 점차 늘어나고 그만큼 거래액이 늘어나는 상황 속에서 해킹이나 정보 유출로 인해 피해를 입는 사람들 또한 크게 증가할 수밖에 없으니 이 역시도 정비례한다고 볼 수 있다. 정부에서도 암호화폐에 대해 어떻게 규제를 해야할지 그리고 지금과 같이 거래를 유지한다면 어떠한 방식을 이용해

다양한 종류의 암호화폐
암호화폐는 실물이 존재하지 않는 화폐로 온
라인 등에서 모형을 팔고 있으나 일종의 '기
념품' 역할만 한다고 할 수 있다.

야 피해자가 나오지 않을지 머리를 맞대고 있는 상황이다. 물론 '투
기 과열'에 대한 인식은 여전히 존재한다.

암호화폐에 붙은 김치 프리미엄

암호화폐인 비트코인의 시세는 일본보다 우리나라가 비싼 편에
속한다. 국제적 가격도 마찬가지다. 해외가 국내보다 저렴하니 같은
코인이더라도 우리나라에서 팔면 그만큼 차익이 생긴다. 이를 두고
'김치 프리미엄'이라 부르는데 이 역시 국가 정책에 따라 프리미엄이
생길 수도, 오히려 사라져버릴 수도 있다. 시장이 불안정하면 이로

인해 생겨나는 변동성은 프리미엄 가치를 좌우하기도 한다. 프리미엄은 경제 용어로 특정한 물건을 얻기 위해 지불하는 정가 이외의 비용을 뜻하는데 부동산에서는 분양가와 매도가의 차이를 의미하기도 한다. 자본주의 시장에서 생겨난 원리이기 때문에 암호화폐에만 적용되는 것도 아니다.

프리미엄은 비단 우리나라에만 존재하는 것도 아니다. 일본의 암호화폐 시장에도 '스시 프리미엄'이라는 말이 있다. 일본 역시 암호화폐 거래량이 엄청난 편에 속한다. 스시 프리미엄 또한 시장의 불안정성으로 변동성에 의한 시세의 차이가 존재한다.

2018년 1월 말에는 비트코인을 국내에서 팔아 약 41억 원 가량 되는 돈으로 금괴 68kg을 무더기로 구매해 일본으로 빠져나간 일본인들이 있었다. 이를 보도한 경향신문에 따르면 금괴를 무슨 돈으로 샀는지는 밝혀졌지만 불법자금이 아니라서 금괴를 압수할 수도 없고 무엇보다 암호화폐에 대해 법적으로 처벌할 근거와 정책 또한 존재하지 않아 '혐의 없음'으로 처분되어 적발된 일본인 네 명 모두 그대로 출국했다고 한다. 이처럼 암호화폐에 대한 법적 체계가 존재하지 않는다면 암호화폐를 소유한 외국인 누구나 '김치 프리미엄'을 이용해 암호화폐 시세 차익으로 금괴와 같이 가치가 있는 물건들을 대량 구매할 수 있고 또 유유히 빠져나갈 수도 있다.

암호화폐 실명제

그렇다면 한국에서는 암호화폐와 관련해 어떤 법적 체계가 들어서고 있을까. 2018년 1월 30일, 정부는 암호화폐의 투기성 거래가 지속되고 있는 만큼 불법거래를 근절하고 자금 세탁에 대한 부분도 규제할 수 있도록 암호화폐 거래에 실명제를 도입했다.

이른바 '가상화폐 거래 실명제'라고 불리는 이 시행 안은 간단히 말해 1월 30일부터 실명 확인을 거친 계좌를 대상으로 암호화폐의 거래를 허용한다는 것이다. 암호화폐를 구매하려면 각 거래소에 돈을 보내야 하는데, 보통 시중은행의 가상계좌를 통해 거래해왔지만 이 시행 안으로 인해 가상계좌가 아닌 실제 계좌를 통해 거래가 이루어지게 된 것이다.

빗썸은 자신의 홈페이지에 '실명확인 입출금 서비스 도입'에 대한 사전 안내를 띄웠다. 자금 세탁 방지를 위한 실명확인 입출금 서비스라며 기존 가상계좌를 보유하고 있는 회원들을 대상으로 가상계좌를 일괄 회수하고 실명확인을 거쳐 재발급 하는 형태로 1차 대응했다. 2차로는 전체 회원에 대한 실명확인 서비스를 실시하는 방식으로 차차 진행한다고 한다.

자, 그렇다면 이러한 시행 안이 우후죽순 생겨나는 피해자들을 감소시키기 위한 정책일까? 또는 암호화폐의 본격적인 제도화를 알리는 신호탄일까? 이 시행안과 동시에 터지는 목소리에는 '과세'라는 키워드가 존재한다. 모든 소득에 과세를 한다는 원칙에 의거한 것으로, 결국 세금 물리기를 위한 정책이 아니냐는 시각도 적지 않다. 암호화폐 투자에 따른 시세 차익이 있으니 양도소득세를 부과할 가능성도 있고 하나의 금융상품으로 규정하게 되면 금융거래세가 따라붙을 가능성도 있다. 부가가치세 부과에 대한 목소리도 있으나 사실 지금과 같은 현실 속에서 당장 과세로 이어지기에는 무리가 있어 보인다. 그만큼 암호화폐를 딱 잘라서 규정하기가 어렵다는 것이다.

　이번 실명제 거래로 인해 거래 중단이나 신규 계좌 발급이 불가하다는 통보를 받은 중소형 거래소는 엄청난 혼란을 겪고 있다. 그도 그럴 것이 일부 거래소에만 신규 가상계좌를 허용하는 상황이니 불가피하게 중단 통보를 받게 되는 거래소는 '시장 경쟁의 당위성과 형평성'을 외치고 있다. 1월 30일 기준으로 실명확인 입출금계정 서비스와 시스템을 구축한 은행은 신한, 국민, KEB하나, 농협, 기업, 광주은행 등 모두 여섯 곳이다. 실제로 빗썸은 농협과 신한은행을, 코인원은 농협, 업비트는 기업은행과 거래 중이다. 신규 거래에 있어 소득 증빙이 어려운 사람들은 암호화폐 시장에 들어올 수 없게 되었다.

코인링크 공지사항

거래 실명제가 보도되자 코인링크는 '시스템 도입에 최선을 다하고 있으며 신속하게 대처하겠다'는 입장을 홈페이지를 통해 공지했다.

출처: 코인링크 홈페이지(www.coinlink.co.kr)

　　더구나 가상계좌가 아닌 법인계좌를 사용하는 중소형거래소는 강제퇴출이나 폐쇄에 이를 수 있는 상황에 놓일 수도 있게 됐다. 언론 보도에 따르면 고팍스gopax나 코인네스트coinnest, 코인링크coinlink 등이 여기에 해당하는데 중소형 거래소의 회원 수를 모두 합치면 70만 명 수준에 이른다고 한다. 이 중 코인링크는 자사 홈페이지를 통해 신규 회원들의 가상계좌 발급 여부는 정부 측과 은행에서 아직 확정한 사항도 아닌 '보류'된 이슈라고 말한다. 또한 일부 언론에서 코인링크를 포함시켜 중소형 거래소가 위기에 처했다는 것에 대해서는 사실이 아니라고 언급했다. 코인링크는 블록체인 전문기업 써트온CERTON에서 서비스하는 거래소이고 써트온은 통신네트워크 솔루션 사업을 펼치고 있는 주식회사 포스링크의 자회사다.

이처럼 코인링크와 같은 중소형 거래소의 리스트는 언론 보도를 타고 일파만파 퍼졌다. 금융 정책에 따르면 벌집계좌_{여러 개의 법인계좌}의 이용 자체를 금지하는 것이라 실명제가 실시된 이후부터는 실제 위험에 빠질 수 있다. 중소형 거래소는 은행 문을 두드리며 가상계좌 발급을 요청하고 있는 상태인데 이마저도 쉽지 않아 보인다. 2018년 2월 4일, 금융당국은 신규계좌 발급을 정부 차원에서 제지한 적이 없다고 했으며 은행이 결정해야 할 일이라고 언급하기도 했다.

앞에서도 언급한 실명제 시행안에 대한 내용에 조금 더 살을 붙이자면, '실명확인 입출금 서비스'를 구축한 은행들은 금융감독원의 감독 아래 점검을 받게 된다. 암호화폐 거래소에 계좌를 공급하는 은행들이 자금 세탁 방지에 대한 가이드라인을 제대로 준수하고 있는지에 대한 검사다. 금융감독원 역시 암호화폐와 관련된 상시적인 점검팀을 운영한다고 한다. 또한 하루 1천만 원, 일주일에 2천만 원에 해당하는 입출금 거래나 하루 5회, 일주일 7회 등 반복 거래 역시 의심거래로 분류하고 금융위원회 금융정보분석원FIU, Financial Intelligence Unit에 보고하도록 되어 있다. 이를 의심거래보고제도STR, Suspicious Transaction Report라고 하는데, 금융정보분석원은 금융거래와 관련해 수수한 재산이 불법재산이라고 의심되는 근거가 있거나 금융거래를 하는데 있어 상대방이 자금세탁행위를 하는지에 대해 의심되는 합당한 근거가 있는 경우 이를 보고하도록 하고 있다. 금융거래에는 카지노에서 칩을 교환하는 행위도 포함된다. 현행법에 의거하여 금융정보분석원이 금융감독원과 함께 은행을 점검하게 되는 것이다.

정책을 둘러싼 끊임없는 논란

정부는 실명제를 차질 없이 수행할 것이며 검찰 및 경찰, 금융당국의 합동조사를 통해 불법행위를 근절하겠다고 했다. 또한 암호화폐의 과도한 투기에는 강력하게 대응하고 블록체인에 대해서는 연구개발 투자를 지원하겠다고 밝혔다. 일부 암호화폐 거래소의 존폐에 있어서는 충분한 협의를 거칠 것이며 의견 조율 역시 진행해서 결

청와대 국민청원에 올라온 '가상화폐 규제 반대'
'정부는 국민들에게 단 한 번이라도 행복한 꿈을 꾸게 해본 적 있습니까?'라는 제목을 단 국민청원이 청와대에 올라와 큰 이슈가 되었다.
출처: 청와대 홈페이지(www.president.go.kr)

정할 사항이라고 하면서 거래소 폐쇄방안은 법무부가 제시한 투기 억제 대책 중 하나라고 언급하기도 했다.

결국 중소형 거래소는 장기적으로 제대로 된 대책이나 대안이 수립되지 않으면 사라져버릴 수도 있을 상황으로 보인다. 법무부는 암호화폐를 투기로 보고 있는 상황이고 실명제의 여파가 고스란히 일부 거래소에 영향을 끼친 만큼 암호화폐에 따른 영향은 긍정과 부정을 떠나 실로 어마어마하다고 할 수 있다.

정부의 암호화폐 규제 정책을 두고 청와대 국민청원에 '〈가상화폐 규제 반대〉 정부는 국민들에게 단 한 번이라도 행복한 꿈을 꾸게 해본 적 있습니까?'라는 글이 올라왔다. 2017년 12월 28일 시작해 22만

실시간 검색어에 오른 '정부 발표'

'가상화폐 정부 발표'가 2018년 1월 31일 네이버 실시간 검색어 1위에 올랐다. 국민적 관심을 확인할 수 있다.

출처: datalab.naver.com

8천 명 이상이 청원에 참여해 2018년 1월 27일 종료되었다. 청원 내용은 4차 산업혁명과 맞물려 투자를 하는 것일 뿐이며 타당하지 않은 규제로 경제가 쇠퇴하지 않기를 바란다는 정도로 요약해볼 수 있겠다.

청와대 국민청원은 20만 명 이상이 참여할 경우 1개월 이내 정부에서 입장 발표를 하도록 되어 있다. 그래서 한동안 '1월 31일 정부의 입장 발표가 있을 것'이라는 가짜뉴스가 돌기도 했지만 불과 4일 만에 정부가 입장을 발표할 수 있을 만큼 쉬운 문제는 아니었다. 가짜

뉴스는 여러 커뮤니티를 통해 각종 추측을 낳았고, 이를 일부 경제지에서 확정된 것처럼 보도하면서 '총선 때 보자'라는 키워드를 양산해 냈다. 암호화폐에 투자하는 일부 투자자들이 정부를 향해 반발과 항의를 표현했다고 볼 수 있다.

가상화폐 규제를 반대하는 국민청원에는 한 달간 22만 8천 295명이 참여했고 청와대는 2018년 2월 14일 청와대 페이스북을 통해 답변했다. 이 자리에는 정혜승 뉴미디어비서관과 홍남기 국무조정실장이 참석했다. 홍남기 실장은 가상화폐 거래 과정의 불법 행위와 불투명성은 막고 블록체인 기술은 적극 육성해 나간다는 것이 정부의 기본 방침이라 밝혔고 선의의 피해자가 발생하지 않도록 단속하고 사법처리하는 것은 당연한 정부의 역할이라고 언급했다. 가상화폐는 해외에서도 국제적 논의가 시작되고 있어 정부 역시 적극적으로 참여할 예정이라고 덧붙였다. 청와대는 국무조정실은 물론이고 각 부처의 의견을 고르게 취합하고 우리나라에 적합하고 올바른 대책을 강구하도록 했다.

정부의 암호화폐 실명제 도입 후 은행들은 다소 긴장했다. 사람들이 몰려 대란이 벌어질 것으로 예상했기 때문이었다. 하지만 실제로 그런 일은 일어나지 않았다. 암호화폐 거래소인 코인원은 실명제

29. Prohibited Financial Products and Services

Policy

Ads must not promote financial products and services that are frequently associated with misleading or deceptive promotional practices, such as binary options, initial coin offerings, or cryptocurrency. Please click here to learn more.

Examples

- ❌ "Start binary options trading now and receive a 10-risk free trades bonus!"
- ❌ "Click here to learn more about our no-risk cryptocurrency that enables instant payments to anyone in the world."
- ❌ "New ICO! Buy tokens at a 15% discount NOW!"
- ❌ "Use your retirement funds to buy Bitcoin!"

페이스북의 광고 금지 정책
페이스북 비즈니스 페이지에서 '광고 금지 정책'에 관한 글을 찾을 수 있다. 제목은 '금융 상품 및 서비스 금지'로 내용은 다음과 같다. '페이스북은 바이너리 옵션, ICO(암호화폐 공개) 그리고 암호화폐와 같이 오해의 소지가 많고 기만적인 프로모션 행태와 자주 연계되고 있는 금융 상품 및 서비스 광고를 금지하는 새로운 광고 정책을 수립했다.'
출처: Facebook Business 페이지

도입 후 기존 회원과 신규 회원 모두에게 신규 계좌를 지급키로 했다. 코인원은 농협은행과 거래하는 거래소로 빗썸이나 업비트보다 회원 수는 적은 편이지만 발 빠르게 대응해 나름 혼란을 막은 셈이 되었다.

암호화폐를 두고 어떤 정책을 펼쳐야 하는지 고민하는 것은 정부 뿐만이 아니다. 페이스북의 경우는 비트코인, 암호화폐 거래소 등 암호화폐와 관련된 모든 광고를 전면적으로 금지하겠다고 선언했다. 주가나 환율이 오를지 내릴지 선택해 베팅하는 바이너리 옵션Binary

Option이나 암호화폐 클라우드 펀딩인 ICO, 암호화폐와 관련된 광고 모두 잘못된 관행이었고, 오해의 소지를 불러일으킬 수 있다는 것이다. 이런 광고를 금지함으로써 새로운 제품에 대한 광고가 보다 진실성 있게 전달될 수 있고 보안 수준을 한층 높이기 위해서라도 정책을 수립한 것이라고 페이스북 비즈니스 페이지에서 언급했다.

이처럼 암호화폐는 탄생부터 지금까지 끊이지 않는 이야깃거리가 되고 있다. 선진국에서도 암호화폐에 대한 관심이 뜨겁고 우리나라 역시 마찬가지다. 정부의 정책 발표에 따라 시세가 달라지는데 뚜렷하지 않은 정책은 여전히 안개 속 길을 걷고 있다. 그런 상황에서 등장한 암호화폐 거래 실명제는 암호화폐를 규정한다기보다 일단 투기 과열에 관한 규제안부터 나온 것이라고 볼 수 있다. 암호화폐를 제도화하기에도 애매한 부분이 있고 과세를 하기에도 규정할 수 없는 영역에 존재하고 있어 다소 시간이 걸리더라도 철저하게 고민을 해야 그나마 혼란을 줄일 수 있을 것이다.

3화

끊을 수 없는 연결고리,
블록체인

비잔틴 장군 딜레마

아주 오래 전, 비잔틴 제국에는 각 지역마다 수많은 장군들이 존재했다. 그러던 어느 날 적국의 거대한 성^Castle을 함락하기 위해 각지에서 여러 부대가 모여들어 비잔틴 군단을 이루었다. 공격을 앞두고 여러 장군들을 비롯해 부대원들이 성 주변 곳곳에서 대기했다. 공격해야 할 지역이 워낙 광활하다보니 서로 떨어져 있는 각 부대는 전령을 통해 의사소통을 했다.

그러나 문제가 있었다. 각 지역에서 모여든 장군들은 사실 서로를 믿지 못해 신뢰감이 떨어져 있었다. 적국의 성을 함락해야 한다는 공통분모는 분명하게 존재했지만 누군가는 배신자일 수 있다는 생각을 하기도 했다. 서로를 믿지 못하는 장군들이 소위 '일살필격'을 위한 적당한 시기를 제대로 정할 수가 있을까? 믿을 사람이란 존재하지 않는 광활한 적지에서 말이다.

과반수의 군대가 있어야 성 함락이 가능한 상황에서 중간에 배신자가 섞여 있어 거짓이 담긴 전령을 보낸다면 공격은 실패로 끝날 수도 있다. 그렇다면 어떻게 해야 배신을 방지하고 성을 함락할 수 있을까? 누군가 암호 시스템에서 해결의 실마리를 찾았다. 비잔틴 군단에 속해 있는 모든 장군들에게 암호 문제를 주었다. 난이도는 10분이면 풀 수 있을 정도다. 맨 앞에 있는 제1군대 장군이 문제 풀이과정과 도출된 답을 제2군대 장군에게 전달한다. 제2군대 장군은 이를 확인하고 그 아래에 있는 새로운 문제의 답과 풀이를 적어 제3군대 장군에게 전달한다. 제3군대 장군 역시 제1군대와 제2군대의 장군이 풀이한 내용과 답을 확인하고 다시 문제풀이를 한다. 그런데 제3군대 장군이 거짓 정보를 적어 제4군대 장군에게 보낸다. 그럼 이 거짓 정보가 여러 장군들에게 이어져 전달이 되면서 제3군대 장군의 풀이는 다른 이들과 다르게 '거짓'이 되어 정답이 적혀있는 묶음에서 탈락된다. 당연히 거짓은 드러나게 마련이다. 기존 정보들은 조작도 불가능하다. 과반수의 장군들이 거짓을 걸러내고 도출된 정답으로 정한 시간에 공격하면 상호 신뢰도를 높이고 성 함락 또한 성공할 수 있게 된다.

블록체인의 잠재력

마치 진짜 있었던 역사 속 사건인 듯이 들리지만 이 이야기는 사실 픽션이다. 이는 비잔틴 장군 딜레마Byzantine generals problem라고 불리며 블록체인을 소개할 때 꼭 언급된다. 비잔틴 장군 딜레마는 레슬리 램포트Leslie Lamport를 포함한 세 명의 컴퓨터 과학자가 작성한 논문에서 기인한다. 이야기에서 있었던 것처럼 장군들끼리 주고받았던 문제의 풀이와 정답을 도출하는 과정을 두고 '작업 증명PoW, Proof of Work' 알고리즘이라 하는데 이는 블록체인의 근본이 된다.

암호화폐와 비트코인이라는 말이 일상에 들어왔듯이, 블록체인도 이제는 결코 간과할 수 없는 그리고 반드시 알고 있어야 하는 키워드가 되었다. 블록체인은 암호화폐와 떼려야 뗄 수 없는 관계에 놓여있고 이 기술 자체가 향후 금융 분야를 넘어 산업 전반에도 활용될 수 있을 것이라는 예측이 블록체인의 무궁무진한 잠재력을 짐작케 한다.

중앙 집중형에서 분산형으로

블록체인을 간략하게 한 문장으로 표현한다면 '암호화폐 거래에서 해킹을 막기 위해 고안된 기술'이라고 표현할 수 있겠다. 블록체인은 일반 대중 사이에서도 이미 익숙해진 인물, 정체불명의 프로그래머 사토시 나카모토가 개발한 것으로 알려져 있다. 보통 은행이나 증권사는 중앙서버를 이용하며 은행과 거래하는 모든 회원의 장부를 서버를 통해 관리하고 운영한다. 하지만 암호화폐 세계에서 이용되는 기술 블록체인은 사용자 개개인이 장부를 공유하도록 한다는 점에서 조금 다르게 볼 수 있다. 전체 사용자가 장부를 공유하고 있으니 임의로 조작하기가 불가능한 구조다.

블록체인 기술은 이처럼 사용자 컴퓨터에 공유된 내용을 분산해서 저장하므로 시중은행에서 거래장부 기록과 운영을 위해 유지하는 중앙서버를 무의미하게 만든다. 그러니 서버 유지비를 투입하지 않아도 되고 비용 절감 효과를 볼 수 있다. 정보가 여기저기 흩어져 있기 때문에 해킹 자체가 어려워 금융 거래의 안정성도 향상시킬 수 있다. 예산 절감과 한층 더 강화된 보안 기술이라니, 은행이나 증권사 등 금융 관련 기업들이 유독 관심을 가지는 것 역시 당연한 수순이다. 블록체인 기술은 금융 분야를 넘어 산업 전반에서도 응용될 수

서버가 운영되는 모습
서버를 필요로 하는 기업들은 자체적으로 서버를 구축하거나 외부 서버를 활용하기도 한다.

있을만한 기술이니 실로 대단한 잠재력을 가지고 있다. 암호화폐인 비트코인은 블록체인 활용 사례 중 가장 대표적인 것일 뿐이다.

작업 증명 알고리즘

앞에서도 언급했듯 기존 금융권에서 중앙 서버에 기록했던 방식과 달리 블록체인은 분산 방식의 디지털 장부를 일컫는다. 이처럼 블록체인 기술의 본질이 되는 '탈중앙화 선언'은 매우 중요한 포인트다. 중앙서버를 벗어난 분산 방식 기술은 비용 절감과 해킹 차단에 대한 이슈를 한꺼번에 풀어준다.

A가 B에게 돈을 송금한다. 이때 송금 행위를 블록으로 대체할 수 있다.

↓

송금 행위, 즉 블록은 서버에 연결된 네트워크를 통해 접속된 모든 이에게 공유된다.

↓

네트워크에 존재하는 사용자들이 거래 유효성에 대해 승인한다.

↓

거래 정보는 삭제가 불가능하고 투명한 거래로 기록되어 체인에 묶인다.

↓

이러한 절차를 통해 A는 B에게 송금을 완료한다.

이렇게 훌륭한 기술이라는 블록체인은 도대체 어떻게 작동하는 것일까. 사용자가 이용하는 컴퓨터에 각 정보를 분산 저장한다는 내용이 익히 알려진 설명이고, 더 자세히 들여다보자면 비잔틴 장군 딜레마를 통해 알 수 있었던 작업 증명PoW 알고리즘이 블록체인의 기본이 될 수 있는 구조라 하겠다. PoW 이외에도 자가 지분 증명을 의미하는 PoSProof of Stake, 중요성 증명의 PoIProof of Importance, 사용자의 동의를 얻어 블록체인 거래를 승인하는 사용자 합의consensus by bet와 같은 검증 알고리즘도 존재하는데 이와 같이 같은 운명을 갖고 태어난 블

블록체인의 유형별 특징

구분	퍼블릭 블록체인	프라이빗 블록체인	컨소시엄 블록체인
관리 주체	모든 거래 참여자	한 중앙기관	컨소시엄 참여자
거버넌스	한번 정해진 법칙을 바꾸기 매우 어려움	중앙기관이 용이하게 법칙을 바꿀 수 있음	참여자들 간 합의로 법 칙을 바꿀 수 있음
네트워크 확장	어려움	매우 쉬움	쉬움
거래 속도	느림	빠름	비교적 빠름
데이터 접근	제한 없음 (모든 사용자)	허가받은 사용자	허가받은 사용자
식별성	익명성	식별 가능	식별 가능
거래 증명	거래 증명자는 사후에 알고리즘에 따라 결정	중앙기관이 거래 증명	거래 증명자가 인증을 거쳐 알려진 상태
활용 사례	비트코인	링크(Linq) * 나스닥의 비상장 주식거래소 플랫폼	R3CEV

출처: 〈블록체인의 이해와 금융업의 활용에 대한 고찰〉, IBK경제연구소, 2017년 7월

록체인임에도 특징에 따라 여러 유형으로 갈라질 수 있다. 그 유형들
은 블록체인을 어떠한 환경에서 어떠한 성격과 범위에 따라 쓰이는
지 여부에 따라 나눠볼 수 있다. PoW와 PoS, PoI 모두 퍼블릭 블록체
인public blockchain에서 사용되고 있고 사용자 합의의 경우는 컨소시엄
블록체인consortium blockchain에서 사용된다.

익명성이 보장되는 퍼블릭 블록체인

그럼 하나씩 살펴보자. 우리에게 흔히 알려진 퍼블릭 블록체인은 비트코인에서 활용된 대표적인 케이스다. 데이터는 누구나 접근 가능하지만 익명성이 보장되고 한 번 정해진 규칙 또한 변경하기 어려워 해킹이 힘든 것으로 알려져 있다. 모든 사용자들이 자유롭게 정보를 공유하고 있고 익명으로 거래되는 만큼 검증이 되지 않은 사용자 또한 일부 존재할 수 있다.

이러한 경우를 대비해 암호화 검증이 반드시 필요하고 네트워크의 확장도 요구된다. 거래 속도가 느린 이유 또한 여기에서 비롯된다. 퍼블릭 블록체인은 '익명 보장'이라는 이유 때문에 실제 금융 서비스에서 활용하기가 사실상 어려워 금융권은 컨소시엄 블록체인이나 프라이빗 블록체인 알고리즘에 주목하고 있다.

금융권에서 주목하는 컨소시엄 블록체인

컨소시엄 블록체인은 컨소시엄에 참여한 사람들이 주체가 된다. 모든 거래에 참여하는 참여자들이 한 번 정해진 규칙을 바꾸지 못하

R3 홈페이지
R3는 금융 시장의 새로운 운영시스템을 구축 중이다.
출처: r3.com

는 케이스와 달리 컨소시엄 블록체인은 참여자 합의로 규칙을 바꿀 수도 있다. 아무래도 제한된 사용자들이 참여를 하게 되니 퍼블릭 블록체인의 단점을 보완해줄 수 있다. 무엇보다 거래 속도를 향상시킬 수 있고 확장성이 떨어지는 문제 또한 이 안에서 해결이 가능해졌다.

컨소시엄 블록체인에서 활용되는 사용자 합의 알고리즘은 참여자들의 동의를 얻어 거래를 승인하는데 이 덕분에 독점이 될 수 있는 구조를 탈피할 수 있게 된다. 이름부터가 내기bet에 의한 의견 일치 consensus인 것처럼, 이 알고리즘에서는 돈을 걸고 거래 승인에 참여해 블록의 정상 유무를 가린다. 정상적인 블록에 승인을 해준다면 보상이 뒤따르지만 그 반대의 경우에는 오히려 벌점을 받게 된다. 컨소시엄 참여 기관들 사이에서 있을 수 있는 거래에 활용이 가능하기 때문에 은행권에서 눈여겨보고 있다.

퍼블릭 블록체인이 비트코인에 활용되었다면 컨소시엄 블록체인은 'R3CEV'에 활용되었다. R3CEV는 글로벌 IT 기업들과 은행권이 참여하는 블록체인 컨소시엄으로 국제 자금이체 송금 시스템을 구축하고 있다. R3는 금융 서비스를 개발하는 글로벌 기업으로 뉴욕에 본사를 두고 있으며 R3의 프로젝트인 R3CEV는 세계 최대의 블록체인 컨소시엄으로 알려져 있다. 액센츄어, 마이크로소프트, 인텔, 휴렛팩커드, 오라클, NTT데이터 등이 R3의 대표적인 파트너사로, 국내에서는 NH농협과 LG CNS 등이 참여하고 있다. NH농협의 경우에는 블록체인 기술을 기반으로 통합 인증 서비스를 개발할 것으로 알려져 있고 LG CNS는 기술 제휴를 맺고 공동으로 연구를 진행하고 있다.

맞춤 제작이 가능한 프라이빗 블록체인

프라이빗 블록체인은 다른 유형과 달리 사용자가 원하는 대로 구조를 만들 수 있다. 말 그대로 커스터마이징customizing이 가능하기 때

링큐 런칭에 대한 기사
암호화폐 전문 인터넷 매체인 CCN에서 프라이빗 블록체인으로 구동되는 거래 플랫폼 링큐가 런칭된다는 보도를 하고 있다.
출처: CCN.com

문에 금융 서비스와 관련된 기업들이 관심을 갖는 편이다. 퍼블릭 블록체인과는 달리 주체의 식별이 가능하고 처리 속도 또한 빠른 편에 속한다. 블록체인 보유자가 마치 중앙 시스템이라도 된 듯 블록체인을 관리할 수 있다.

　프라이빗 블록체인의 대표적인 활용 사례는 나스닥Nasdaq의 비상장 주식거래소 플랫폼인 링큐Linq다. 암호화폐 전문 인터넷 매체인 CCN은 2015년 10월 나스닥의 링큐 서비스 런칭과 함께 프라이빗 블록체인이 가진 능력에 대한 언급도 빼놓지 않았다.

불투명성과 모호함이 단점으로 지적되다

앞선 내용으로만 보면 블록체인 기술이 비트코인에만 활용된 것은 아니라는 사실을 충분히 떠올려볼 수 있다. 세계경제포럼WEF, World Economic Forum이 발표한 자료에 따르면 2027년 전 세계 GDP의 약 10%가 블록체인 플랫폼에서 형성될 것이라는 예측도 있었다. 위조나 조작도 어렵고 원본의 완전무결함을 증명하는데 가장 탁월한 알고리즘이 아니던가. 투명성과 신뢰도를 강조하는 사회에서 블록체인만큼 강력한 기술은 또 없을 것이다. 덕분에 비트코인과 같은 암호화폐의 거래나 분산 저장 시스템에서 활발하게 활용되고 있다.

그렇다면 블록체인이 가진 장점과 단점은 무엇인가? 이미 언급했던 것과 같이 참여자들이 정보를 공동 소유하고 관리하고 있기 때문에 중앙서버, 즉 이를 관리하는 기관이나 주체가 없다는 측면으로 보면 효율성이나 보안에 매우 뛰어나다. 익명으로 거래가 되니 개인정보를 요구하지 않을 것이고 제3자 없이 P2PPeer to Peer 방식으로 이루어지니 딱히 수수료가 발생하는 것도 아니다. 더구나 모든 거래기록에 있어 투명성이 강조되고 어느 정도의 안정성도 보장된다는 장점을 가지고 있다.

그러나 이러한 장점을 뒤집어보면 취약해 보이는 점을 몇 가지 찾아볼 수 있다. 일단 익명이 보장된다는 점에서 불법 자금이 조성될 수 있고 탈세 또한 가능해질 수 있다. 제3자가 없다는 측면으로 보면 이유가 무엇이든 발생될 수 있는 문제에 대해 책임 소재가 모호해질 수도 있다.

특히나 블록체인의 취약점을 두고 해킹을 언급하는 경우가 있다. 기본적으로 블록체인 구조를 해커가 건드릴 수는 없지만 코인이 담겨있는 지갑, 즉 계좌의 해킹으로 인한 코인 탈취는 가능하다는 것이다. 하지만 이것을 두고 블록체인의 취약점이라고 말하기보다 블록체인의 탄탄한 기술력을 우회한 해커들의 교묘한 수법이라고 할 수 있겠다. 금융권에서는 블록체인의 구조와 더불어 개인들의 계좌까지도 보안과 안정성, 투명함까지 아우를 수 있어야 하기 때문에 블록체인과 금융거래 시스템의 접목에는 어느 정도 수준의 고도화가 반드시 요구된다.

전체 코인의 10%가 해킹된 이더리움

블록체인이 가지고 있는 특성을 역이용한 '이더리움 해킹' 사례도 주목해볼만 하다. 2016년, 암호화폐의 한 종류인 이더리움 360만

이더리움재단

비탈릭 부테린이 창립한 이더
리움재단은 기본적으로 블록
체인 기술 개발과 이더리움
코인을 관리 감독하고 있으며
블록체인 기술 고도화를 꾸준
히 연구하고 있다.
출처: 이더리움재단 홈페이지
(www.ethereum.org)

개가 해커들에 의해 공격당하는 사건이 벌어졌다. 블록체인을 기반
으로 구축된 새로운 프로젝트에 투자하는 DAO^Decentralized Autonomous
Organization, 분산형 익명조직 펀드는 약 1억 5천만 달러, 우리 돈으로 1천
600억 원 이상이 되는 이더리움을 모은 바 있다. 비트코인과 함께 이
더리움의 성장 가치를 보고 투자를 한 결과 꽤 많은 액수가 모인 셈
이다.

그런데 DAO에 사용된 소스코드에는 아주 취약한 점이 있었고 여
기에서 발견된 틈을 찾아 해커가 생성한 DAO 계정으로 이체를 실행
했다. 해킹을 당해 이더리움이 빠져나간 사실을 비탈릭 부테린을 포
함해 이더리움 측에서도 충분히 인지할 수는 있지만 익명성 보장이
라는 측면과 기술적으로도 건드릴 수 없는 알고리즘에 의한 것이기

211

시간을 되돌리는 하드포크

쉽게 말해 해킹 시점 이전으로 블록체인을 모두 리셋하는 업데이트로, 보안상 심각한 취약점이 발견되었거나 새로운 기능을 추가 또는 개선코자 할 때 실시하고는 한다. 하드포크는 참여자들의 과반수가 지지해야 결정되는 사항이다. 하드포크가 적용된 대표적 사례가 바로 이더리움 해킹 사건이었다.

때문에 막막하기만 했다. 그렇다고 거래 기록을 무효화하기도 어려운 상황에 처했다. 이더리움의 창시자이자 총괄 운영자인 비탈릭 부테린은 이더리움 전체 코인의 10%가 해킹당한 사실에 하드포크Hard Fork를 실시했다.

비탈릭의 이더리움 재단은 2016년 7월 20일 프로토콜 업데이트를 위해 하드포크를 진행했고 이더리움은 둘로 갈라졌다. 블록체인 참여자 85% 이상은 소프트웨어 업그레이드를 실시했고 하드포크를 지지하지 않는 일부는 그대로 잔류해 하드포크 이후 이더리움클래식을 상장했다. 결국 이더리움은 기존의 이더ETH와 클래식ETC으로 나뉘게 되었다. 하드포크를 통해 이더리움의 통화량은 자연스럽게 급증했다. 그러나 해킹과 하드포크로 인해 신뢰도는 바닥이었고 가치 또한 폭락하기에 이르렀다. 블록체인 내에서는 일단 수정이 불가하다는 측면을 해커들이 교묘하게 파고든 것이고 '내가 누군지 어떻게 알아?'라는 익명 거래라는 메리트를 악용해 취약점으로 드러난 계기가 되었다.

내부 조작으로 의심받는 마운트곡스 사건

개인 계좌뿐 아니라 거래소를 해킹하는 경우도 있다. 국내에서는 야피존이라는 비트코인 거래소가 해킹을 당한 바 있으며, 일본에서는 일본 내 최대 거래소였던 마운트곡스Mt. Gox 해킹 사건이 있었다. 본인 인증을 위해 사용하는 개인키가 해커의 공격을 받은 것인데, 이 사건의 영향으로 마운트곡스는 파산에 이르렀다.

마운트곡스 사용자들은 시위를 벌이거나 집단 소송을 준비하기도 했는데, 사실은 CEO 등을 포함한 내부 경영진이 사적 이득을 위해 벌인 소행이라는 이야기가 있었기 때문이다. 마운트곡스의 CEO였던 마크 카펠레스Mark Karpeles는 횡령 혐의로 기소되어 재판을 받고 있는데, 그는 자신의 무죄를 꾸준히 주장하고 있다.

진화는 계속된다

이처럼 비트코인이나 이더리움 등 개인이 보유한 지갑을 해킹하는 사례들이 있는 것을 보면 블록체인이 가진 보안에 대한 장점을 깨뜨려버린다고 생각할 수도 있다. 블록체인 기술이 위조와 변조를 불가능하게 만들고 정상적인 블록에 대한 정보를 취하고 있지만, 개인이 보유한 지갑이나 개인키는 어찌할 도리가 없다. 해커 역시 블록체인의 보안성과 이중거래가 어렵다는 사실을 알고 있기 때문에 지갑에 들어있는 코인 탈취에 집중하는 편이고 블록체인이 철저하게 막고 있는 벽을 우회하여 공격을 시도한다.

블록체인은 암호화폐와 같이 온라인상에서 일어나는 거래를 안전하게 보호하기 위한 사명을 갖고 이 땅에 태어났다. 퍼블릭 블록체인 기술이 적용된 첫 사례가 비트코인이었으며 이 기술은 점차 확장되어갔다. 블록체인에 담긴 정보들이 분산 저장되고 모든 거래 또한 투명성을 갖고 있으니 참여자들은 이를 신뢰할 수밖에 없다. 더구나 위조하기도 어려워 금융권에서도 블록체인 기술을 꽤 지지하는 편이다. 그렇기 때문에 금융권뿐만 아니라 각 기업들 역시 블록체인을 도입하려고 연구와 개발을 지속하고 있다. 세계경제포럼의 보고서처럼 블록체인이 향후 몇 년간 전 세계의 GDP를 조금씩 축적해 상당한 비중을 차지할 날도 머지않은 것 같다. 어쩌면 우리는 암호화폐보다 블록체인에 더욱 집중해야 할지도 모르겠다. 겉보기엔 단순해보이지만 블록체인이 가진 잠재력은 다양한 비즈니스와 연결되며 변화를 거듭하고 있다.

4화

의료·유통·자동차…
달라지는 산업

산업 전반에 응용될 기술

암호화폐와 블록체인이 이토록 전 세계를 뜨겁게 달구게 될 줄은 꿈에도 몰랐던 시절이 있다. 끊임없이 이어지는 열풍과 연일 터져 나오는 기사들을 보니 쉽게 가라앉지는 않을 것 같다. 암호화폐를 보면서 문득 이런 생각이 들었다. '내 손에 쥐고 있는 몇 장의 지폐를 암호화폐가 대신할 수 있다면?' 아마도 지금 세상 속에 안착한 자본사회는 180도 바뀌게 될 것이고 전 세계는 '산업혁명' 이상의 변화를 겪게 될 것이다.

어쩌면 금융업은 물론 우리와 연결된 산업과 비즈니스 모두 또 다른 의미의 '혁명'을 맞이하게 될지도 모른다. 요동치는 암호화폐의 시세는 매순간마다 가파른 곡선을 그리고 있다. 비트코인과 같은 암호화폐가 거품이라고 말하는 사람들도 존재한다. 그럼에도 불구하고 암호화폐의 연결고리인 블록체인은 거품이 없는 미래지향적 기술이라고 언급한다.

아니나 다를까? 세계경제포럼에서도 블록체인이 가진 잠재력에 주목했고 전 세계 GDP의 큰 비중을 차지할 것이라는 예측이 있었다. 금융권뿐 아니라 산업 전반에 응용될 수 있을 것이라는 측면에서 보면 블록체인이 적용된 새로운 사례들이 미디어를 통해 지속적으로 등장하게 될 것이다. 금융기업과 더불어 대기업을 중심으로 블록체인 도입과 확산에 나서고 있고 이와 관련된 연구와 개발이 끊이지 않고 있다.

블록체인이 여러 산업 분야에 전반적으로 적용된다는 점은 기업과 소비자 간 신뢰 확보의 문제를 해결해줄 수 있는 장치로도 쓰일 수 있다는 의미다. 물론 블록체인 기술력을 도입하려면 관련 법규를 조속히 마련해야 하고 이를 실제 활용할 때 생겨날 수 있는 보안에 대한 이슈와 리스크를 최대한 보완할 수 있어야 한다.

가상화폐를 넘어 스마트 계약으로

암호화폐 세계에서 비트코인은 시작에 불과하다. 암호화폐가 교환경제사회 속에서 실제 통용되는 거래용 수단이 된다면 원화나 달러의 가치를 가진 화폐의 한 종류가 되겠지만 블록체인은 금융권을 비롯한 산업 전반에 녹아들어 이미 고착화된 그리고 일반화된 알고리즘을 송두리째 바꿀 수 있을 만큼의 잠재력을 지녔다. 혹자들은 인터넷이 생긴 이후 '최고의 발명'이라고 언급하기도 한다. 블록체인이 암호화폐를 넘어 산업 분야에 적용이 되면 부동산을 포함한 계약에서도 중개사 또는 보증기관 없이 거래가 가능해진다.

블록체인이 가진 장점 중에 하나가 거래하는 사람들이 모두 정보를 공유하고 접근이 가능하다는 점인데 계약상에서도 부당이득을 취하려는 시도 자체를 근본적으로 차단시킬 수 있다. 이해당사자 간 계약과 그 결과에 대한 신뢰 확보를 위해 블록체인이 적용되면서 스마트 계약smart contract이라는 키워드도 생겼다. 워싱턴 대학에서 컴퓨

비트코인 매거진

비트코인 매거진은 이더리움을 창시한 비탈릭 부테린이 친구들과 함께 발행한 비트코인 관련 발행물이다.

블록체인과 연결되는 스마트 계약
비트코인 뉴스 전문 사이트인 비트코인
매거진에서는 스마트계약과 블록체인
의 연결에 대해 수차례 다루기도 했다.
출처: bitcoinmagazine.com

터를 전공한 암호학자이자 컴퓨터 공학자인 닉 자보Nick Szabo는 비트
코인 매거진Bitcoin Magazine을 통해 전통적인 계약 방식의 지속성을 꼬
집으면서 네트워크상에서 자동화 되고, 누구의 간섭도 없이 신뢰를
지킬 수 있는 스마트 계약에 대해 언급했다.

닉 자보가 언급한 스마트 계약이라는 키워드가 암호화폐로 뜨거
운 작금의 현실에서 갑자기 튀어나온 것은 아니다. 1994년 그는 계약
에 필요한 각 요소들을 코드화 하고 네트워크를 통해 자동으로 이루
어지는 거래를 스마트 계약으로 정의한 바 있다. 생각해보면 우리는
계약 이행을 위해 계약 조항이 담긴 서면을 하나씩 확인하고 양사 합
의에 따라 서명을 한다. 물론 서명을 했으니 조항에 명시된 대로 계
약을 이행해야 하며 규약을 위반했을 때 서로가 인지하고 검증까지
가능해야 한다. 계약 내용은 당연히 이해당사자들 사이에서 공유되

어야 한다. 이러한 전통 방식의 계약은 비용의 한계와 지역적 한계가 고스란히 드러났다. 스마트 계약에 대한 개념 자체는 매우 훌륭했지만 그가 정의했던 1990년대에 실행이 가능할만한 구조나 환경은 아니었다.

하지만 스마트 계약은 예측대로 점차 현실화되고 있고 그의 예측은 블록체인 기술과 맞물려 예리하게 적중한 꼴이 됐다. 20년이 넘는 세월이 지나고서야 말이다. 인터넷과 그에 따른 기술력이 크게 발달하면서 블록체인이 등장했고 스마트 계약 또한 현실 속에서 활용할 수 있는 환경이 되었다. 스마트 계약의 기본적인 기술력은 '블록체인'에서 나온다. 블록체인이 적용된 사례는 잘 알려진 것처럼 비트코인이었다. 비트코인에 담긴 스크립트script도 스마트 계약의 적용 케이스로 보면 된다. 비트코인 스크립트의 경우는 어느 정도 한계점을 보였는데 이더리움의 비탈릭 부테린은 이러한 취약점을 보완해 자신만의 알고리즘을 만들어 블록체인을 더욱 강화했다.

이를 두고 '튜링의 완전성Turing completeness'을 지닌 스크립트 언어, '솔리디티Solidity'라고 일컫는다. 견고하다, 탄탄하다는 사전적 의미만큼 솔리디티 스크립트는 튜링의 완전성을 지니게 되면서 불완전했던 비트코인 스크립트의 한계를 극복하게 되었다. 이러한 스크립트를 탑재해 탄생하게 된 이더리움은 블록체인 2.0 시대를 열게 되었고 스마트 계약이 특화된 대표적인 사례라 할 수 있다.

수학 천재 앨런 튜링

앞에서 언급했던 튜링의 완전성에 대해서 언급하지 않을 수 없다. 이더리움의 블록체인이 튜링의 완전성을 갖는다거나 최근의 컴퓨터들이 '느슨하게 튜링 완전하다'라는 표현이 종종 사용되지만, 이 말이 무엇을 의미하는지 명확하게 꼬집은 해석은 찾기 쉽지 않다.

우선 튜링은 영국의 천재 수학자였던 앨런 튜링Alan Turing에서 비롯된다. 영화 〈이미테이션 게임The Imitation Game〉에서 베네딕트 컴버배치Benedict Cumberbatch가 연기했던 인물이 바로 앨런 튜링이다. 이 인물에 대한 에피소드가 있다. 제2차 세계대전 당시, 위기에 몰린 연합군은 독일의 해독 불가 암호 '에니그마Enigma'로 인해 더욱 피해를 입고 있었다. 에니그마는 수수께끼라는 뜻을 담고 있는데 독일군의 암호는 해독 불가한 절대적인 수수께끼였다. 독일군의 전략이 담긴 에니그마는 전투가 벌어지고 있는 주요한 곳에 전파되었고 독일의 잠수함 역시 이 전략을 받아 연합군을 연이어 격침하기에 이르렀다. 영국 정부는 암호해독반을 더욱 힘차게 압박했다.

앨런 튜링이 속해 있는 암호해독반은 독일의 암호문 해독을 위해 더욱 몰두했다. 앨런 튜링은 수도 없이 시행착오를 겪으며 모든 경우의 수를 자신이 고안한 기계에 넣어 조금씩 암호에 담긴 비밀을 찾아 갔다. 몇 달이 걸리던 암호 해독은 불과 며칠이면 풀 수 있을 정도가 되었고 급기야 한 시간으로 단축해 승전보를 울리는 데 큰 공헌을 했다. 앨런 튜링의 튜링 머신은 컴퓨터의 시초라고 할 수 있을 만큼 연산에 뛰어난 능력을 보였다. 경우의 수가 넘쳐나니 조건을 만드는 공식 또한 매우 복잡해질 수밖에 없어 앨런 튜링의 수학적인 천재성이 얼마나 대단하고 훌륭한지 짐작 가능하다.

블록체인 2.0 시대가 열린다

자, 그래서 튜링의 완전성이란 무엇인가. 블록체인 알고리즘 상에서 'IF'라는 조건문이 있는데 이를 풀기 위해서는 만족할 수 있을만한 답이나 종료시킬 수 있는 'For'나 'While'과 같은 명령어가 있어야 하며 이를 두고 루프loop문이라고 한다. 이 모든 것을 충족시키는 개념을 일컬어 튜링의 완전성이라고 말하는데 튜링 머신으로 풀 수 있는 연산 문제를 프로그래밍 언어가 풀 수 있다는 의미를 가진다. 이를 조금 풀어서 언급하면, 완벽한 튜링 머신은 무한대의 기억장치를 요구한다.

그러나 무한대라는 의미는 물리적으로 설명되지 않는 불가능에 가깝다. 그런데 무한대의 기억장치를 갖게 된다면 튜링 완전성은 보다 만능에 가까운 개념이 될 수 있다는 것이다. 프로그래밍 언어 속에서 '느슨하게' 튜링의 완전성을 갖는다고 말하는 경우가 있다. 전세계 컴퓨터들이 상호 연결되어 네트워크를 형성하고 이로 인해 보다 강력한 프로그래밍의 능력을 갖게 되었다고 가정해보자. 이렇게 되면 이론적으로만 가능했던 개념을 실제에 끌어낼 수 있게 되었음을 두고 튜링의 완전성을 갖춘 것으로 간주할 수 있다.

비트코인의 경우에는 앞에서 언급했던 루프 조건을 삭제시켰다. 디도스DDoS, Distribute Denial of Service attack 해킹 공격의 경우는 무한 루프를 통해 해킹이 가능했었는데 비트코인은 이를 차단하기 위해 루프 조건을 스크립트에서 제외시킨 것이다. 이더리움은 튜링의 완전성을 가지게 되면서 우리가 상상할 수 있는 거래의 형태가 보다 확장된 결과물이라 하겠다.

블록체인이 가진 기술력이 스마트 계약에 적용되기 시작했다는 이야기와 함께 튜링의 완전성에 대해 언급했지만 명확하게 규정하기엔 다소 복잡하고 애매하게 느껴진다. 이론상으로는 얼마든지 가능하지만 이를 구체화하는 것 자체는 네트워크 확장과 복잡한 프로그래밍이 구현되어야 하기 때문이고 설명에서 언급되는 용어들이 워낙 기술적인 분야가 담겨있어 더욱 그러하다. 어쨌든 이 어려운 일을 이더리움의 비탈릭 부테린이 해냈다. 그는 이를 솔리디티 스크립트로 현실화했는데 개발자가 계약 코드를 작성 가능하게 만들어 활용할 수 있는 범위를 보다 확장시켰다. 솔리디티는 그렇게 비트코인 스크립트의 한계를 뛰어넘었고 블록체인 기술이 기반이 되는 산업 분야에 응용할 수 있게 되었다. 이것이 바로 블록체인 2.0 시대의 개막이다.

의료 절차와 시간을 단축하다

가장 눈에 띄는 것은 의료분야다. 유비쿼터스 헬스케어U-Healthcare 가 병원 등 의료산업에 진입하면서 우리는 더욱 편리하고 간단하게, 그리고 어느 곳에서든 의료지원을 받을 수 있는 세상을 맞이하게 되었다. 몸이 아파 병원에 갔다가 다소 복잡한 절차들로 인해 불편함을 감수해야 했던 경험이 있는 사람이라면 충분히 반길 변화다. 사물인

의료분야에 적용된 블록체인
블록체인 기술은 이미 의료분야에 진입
해 우리 삶을 바꾸고 있다.

터넷IoT, internet of things과 인공지능AI, artificial intelligence이 결합해 그 절차는
조금씩 간소화되고 있다. 인터넷과 연결된 병원 네트워크에 진입한
환자들의 빅데이터 정보를 수집하면 의료진은 작업을 위한 시간을
크게 단축시킬 수 있고 그 결과 환자들은 신속하게 진료를 받을 수
있게 될 것이다. 그럼에도 불구하고 이러한 인프라가 구축되기 이전
이거나 구축 중인 현실이라면 엑스레이와 같은 대용량 이미지나 수
많은 환자들의 데이터 수집과 분석, 처리가 모두 지연될 수는 있다.

여기서 따져야 할 문제는 환자들의 개인정보다. 인터넷이 발달하
면서 우후죽순 늘어난 인터넷 사이트는 개인들의 주민번호뿐만 아
니라 집 주소와 연락처까지 모두 입력하도록 했다. 개인정보 보호가
더욱 중요한 문제로 부각되면서 회원가입 절차는 매우 심플하게 변
화하기에 이르렀다. 하지만 의료보험 연계나 환자들의 향후 진료, 의
료 기술 개선이라는 목적이 한꺼번에 부합되어 있는 병원의 빅데이

터는 조금 다를 수 있다. 치료법 개선과 학회 보고, 임상사례의 공유라는 차원에서 환자의 정보는 필수적인데 개인정보 보호로 인해 이를 공개하지 않으면 먼지처럼 사라지기 마련이다.

구글은 인공지능과 블록체인을 통해 이 문제를 해결하고자 했다. 딥마인드 홈페이지를 통해 증명 가능한 데이터 검사verifiable data audit라는 프로젝트에 대해 언급했다. 블록체인이 적용되면 이미 저장된 기록들을 수정하기 어렵다는 측면을 고스란히 담아 환자들의 정보는 수정 불가하고 기록만 가능하도록 구현했다. 더구나 이 기술은 개인정보를 취급하는 의료 분야에서 환자들에게 신뢰를 얻을 수 있는 플랫폼이기 때문에 환자들의 데이터가 언제 어떻게 쓰였는지 추적이 가능하다고 한다. 이러한 기술을 전문적으로 연구하고 개발했던 것에는 사연이 따로 있다. 구글 딥마인드는 2016년 영국의 공공의료서비스인 NHSNational Health Service와 협력했다. 딥마인드 입장에서는 인공지능 기술력을 의료분야로 진입시켜 보다 나은 의료 서비스를 제공하는데 기여하고자 했지만 문제는 개인정보였다. NHS는 무려 160만 명이나 되는 환자 기록을 딥마인드에 제공했다. 사실 환자들의 건강 상태에 따라 건강 정보를 인공지능이 인식, 의료진에게 전달하도록 하는 방식을 구현한 애플리케이션 서비스인데 환자들은 여기에 동의하지 않았던 것이 문제가 되었고 영국 정보위원회ICO, Information

Commissioner's Office는 지속적인 조사 끝에 데이터보호법 위반이라고 결론지었다. 2017년 7월, BBC와 CNBC, 텔레그래프telegraph 등 각 언론들이 이를 앞다투어 보도하기도 했다.

유통 과정에 대한 신뢰

컴퓨터 전문 업체인 미국의 IBM은 유통 거래 과정에 블록체인을 접목시켰다. 월마트 역시 마찬가지로 식품 안전 솔루션Walmart's food safety solution이라는 타이틀로 블록체인을 활용하고 있다. 물류분야에 뛰어든 블록체인은 축산물 이력 추적에 강점을 보인다. 생산부터 유통, 최종적으로 소비자 손에 들어간 식품 정보에 블록체인 알고리즘이 적용되어 거래 상세 내역은 물론이고 문제가 발생한 경우 바로 확인할 수 있도록 구현되었다. 식품 정보를 조작할 수 없다는 측면에서도 신뢰도를 확보할 수 있을 것 같다.

IBM은 자신의 홈페이지를 통해 블록체인의 활용도에 대해 설명했다. 신뢰할 수 있는 결제 서비스와 운영의 효율성 등이 은행을 포함해 금융 시장에서 활용할 수 있고 헬스케어 분야에서도 임상실험 자료나 디지털 건강 기록EMR, Electronic Mediacal Record의 데이터 공유와 관

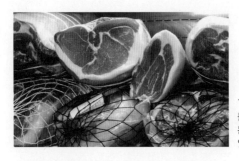

식품 유통 분야에 적용된 블록체인
블록체인 기술은 축산물 이력을 추적하
는 등 유통 분야에서도 활발히 도입되고
있다.

리에서도 적용될 수 있다고 말한다. 더불어 정부 기관이나 보험사,
심지어 무역 거래에서도 블록체인이 효율성을 높여줄 수 있는 가치
라고 표현되어 있다.

디지털 국가 에스토니아

IBM이 언급했던 정부 기관의 블록체인 적용 사례는 유럽의 작은
국가 에스토니아에서 찾을 수 있다. 에스토니아는 대한민국의 절반
수준 영토를 가진, 인구 약 125만 명의 나라다. 에스토니아는 스스로
를 디지털 국가Digital Nation이자 블록체인 국가Blockchian Nation라고 표현
하기도 한다. 그들은 투표하는 방식과 체계에서도 블록체인 기술이
적용될 수 있다는 것을 실제로 보여주고 있다. 블록체인 기술을 이용

하면 유권자 등록이나 투표권을 가진 사람들의 신원 확인, 투표 집계에 이르기까지 확실한 투명성을 가진다. 모든 과정이 공개된다는 측면에서 투표의 과정이나 조작할 수 없는 기록까지도 공정하게 공개될 수 있다.

에스토니아 정부는 온라인 선거 시스템과 더불어 전자영주권e-Residency이라는 디지털 시스템을 개발해 100유로를 지불하면 심사를 거쳐 가상 영주권을 지급하기도 한다. 이 역시 블록체인과 4차 산업혁명 속에서 탄생한 신문물이라 하겠다. 에스토니아는 아기가 태어났을 때부터 부여받게 되는 디지털 아이디Digital ID를 블록체인 기술과 연결하여 행정 업무와 의료 업무도 병행한다.

혁명을 겪는 자동차 산업

블록체인 기술은 자동차 산업에서도 각광 받을 수 있는 기술이 될 전망이다. 4차 산업혁명 속에서 자동차 산업은 아주 거대한 변화를 맞이하게 되었다. 내로라하는 인공지능 기술력이 이미 차량 안에 스며들었고 사물인터넷과 고성능의 GPS가 탑재되고 있는 와중에 무인으로 움직이는 자동차가 개발 중이다. 자동차 산업에서는 그야말로

블록체인과 자동차의 만남을 준비하는 도요타
도요타는 세계적 공과대학 MIT와 손을 잡고 연구에 나섰다.

'혁명'이 되었다. 그런데 여기에 블록체인 기술이 적용될 수 있다고 한다.

우리나라에서도 쏘카socar나 그린카Greencar와 같은 카셰어링Car Sharing 사업이 각광을 받고 있는데 주행 데이터나 차량 사용 정보 등 차량 관리에 있어서 블록체인이 크게 도움을 줄 것으로 보인다. 물론 이뿐만이 아니다. 자율주행 자동차의 경우는 안전성에 대한 문제를 해결하는 것이 가장 중요한 과제라 할 수 있다. 전 세계 뛰어난 인재들이 개발한 고성능의 장비가 포함되어 있어 99.9% 완벽하다 해도 0.1%의 리스크를 해결할 수 없다면 사고는 일어나게 마련이다.

일본의 자동차 기업인 도요타는 MIT 공대의 미디어랩과 공동으로 프로젝트를 추진 중에 있으며, 이를 위해 2015년 도요타 연구소TRI, Toyota Research Institute라는 자회사를 설립하기도 했다. 안전에 대한 문제를 블록체인을 통해 해결해 나가겠다는 것이다. 정해진 길로 출퇴근을 반복하는 차량의 경우, 차량 운행 정보를 블록체인 알고리즘에 빅데이터처럼 저장해두고 도로 상황과 여건에 맞는 주행 환경을 만들어낸다. 인공지능이 탑재된 자율주행 자동차가 필요한 데이터를 블록체인과 연결해 축적하게 되면 그만큼 안전성 향상을 도모할 수 있을 것이다. 더구나 자율주행 자동차와 연결된 서버의 해킹도 블록체인이 있으니 보안에 있어서도 안전하게 유지될 것으로 보인다.

사실 이러한 데이터들은 여러 측면으로 공유가 가능해질 것이다. 신차 구입 시나 중고차 거래 시 블록체인을 활용한 서버에서 차량에 대한 정보를 수집하면 사고 이력과 주행 정보를 투명하게 관리할 수 있어 소비자 입장에서는 신뢰를 갖고 구매를 하게 된다. 또한 보험사의 서버와도 연동하여 블랙박스나 에코 마일리지 특약에 있어서도 절대적인 투명성을 갖기에 충분해질 수 있다.

지속적인 투자가 필요한 때

블록체인은 비단 암호화폐 세계에서만 쓰이는 기술이 아니다. 최근 들어 암호화폐가 각광을 받고 있고 끊임없이 이슈몰이를 하고 있으니 블록체인이라는 단어가 비트코인 등 암호화폐의 연관 검색어나 관련어로 따라붙는 현상이 자연스럽다고 볼 수 있다. 하지만 블록체인은 비트코인과 함께 탄생했으나 블록체인 2.0 시대를 맞아 활용 분야가 보다 넓어졌다.

글에서도 언급했듯, 금융 분야를 넘어 정부 기관, 자동차 산업, 물류 분야에 이르기까지 다양하게 쓰이게 될 것이다. 전 세계적으로 블록체인 기술 활용을 꾀하고 있는 만큼 우리나라 역시 기술 개발에 아낌없이 투자하고 현존하는 블록체인의 고도화와 개선에 지원해야 한다.

PART 4

허물어지는
경계

1화

질병과 고통에서 벗어날 유토피아를 꿈꾸다

유토피아에 존재하는 기적의 장비

4차 산업혁명이 주목하는 분야는 다양하고 또 넓다. 인공지능 시장이 뜨겁게 달궈지고 있는 분야라면 로봇은 인공지능 기술에 맞춰 또 한 번의 진화가 가능한 분야라 할 수 있다. 다만 헬스케어 분야는 조금 다르다. 단순히 감기를 예방한다거나 건강을 챙겨주는 것이라면 몸에 착용해 각종 생체 정보를 모니터링하는 피트니스 트래커와 같은 웨어러블 기기로도 나 스스로 채찍질을 가해볼 수 있겠지만 상처를 치유하고 몸속 질병을 근본적으로 제거하는 것이라면 이야기는 달라진다. 의사가 자리한 병원에 인공지능을 갖춘 기계가 들어와 사람을 치료할 수 있는 시대가 도래한다면 우린 그 기계를 믿고 몸을 맡길 수 있을까.

SF적 상상력을 빌려 사례를 살펴보자. 닐 블롬캠프Neill Blomkamp가 연출하고 맷 데이먼Matt Damon이 등장했던 영화 〈엘리시움Elysium〉은 2154년 미래를 배경으로 한다. 우리가 살던 지구는 가난과 질병으로 인해 디스토피아로 변질된 반면, 전쟁도 없고 질병도 기아도 없는 엘리시움은 우리가 꿈꾸던 유토피아의 세상이다. 엘리시움에는 첨단 의료장비가 존재하고 이는 우리 몸속의 질병을 단 몇 분 만에 스캔하고 치료한다. 거의 죽어가던 사람도 단숨에 살려낼 수 있는 '기적의 장비'가 있다. 비록 상상력이 만들어낸 영화 속의 장치이기는 하지만 유독 탐나는 물건이 아닐 수 없었다.

엘리시움에 등장했던 이 의료장비는 이 영화의 핵심적인 오브제다. 디스토피아의 지구와 유토피아의 엘리시움이 양쪽으로 나뉘어 충돌하는 것 역시 이 장비에 의한 것이다. 지구에 존재하는 수많은 환자들은 돈이 없어 죽어가지만 이 장비만 있으면 무병장수를 꿈꿀 수 있다. 마치 밀항이라도 하듯 엘리시움으로 잠입하는 주인공 코스타 역시 이 기기의 놀라운 치유 능력을 믿고 목숨을 건다. 무병장수하는 세상, 4차 산업혁명이 과연 이뤄낼 수 있을까.

유비쿼터스 헬스케어가 지향하는 의료서비스

영화 〈엘리시움〉의 플롯을 이어가는 중심에는 첨단 의료장비가 존재하지만 그를 둘러싼 메시지는 양극화의 폐해라는 점에 있다. 지구는 버려졌고 엘리시움은 보다 살기 좋은 곳으로 변화한다. 의료 자원의 불균형은 유토피아의 재건과 디스토피아의 몰락을 동시에 이룬다.

지금 이 시대를 살고 있는 현재의 우리는 어떨까. 과거 지방에 살던 필자의 지인이 병원에서 치료를 받던 중 "서울에 있는 큰 병원으로 가세요"라는 말을 들었다고 한다. 결국 그는 병가를 내야 했고 서울로 올라와 치료를 이어 받았다. 심심치 않게 벌어지고 있는 서울 및 수도권 대형 병원의 환자 쏠림 현상은 의료 자원의 불균형을 여과 없이 보여준다. 서울 대학 병원에서 이처럼 지방에서 올라온 환자들을 어렵지 않게 볼 수 있다. 수많은 환자들이 아침부터 대기표를 받고 예약 시간에 맞춰왔음에도 병원 복도에 진을 치고 있는 풍경은 익숙하다.

정보통신기술ICT, Information and Communication Technologies이 헬스케어와 만나게 된다면 어떻게 달라질 수 있을까. 의료자원 불균형에 대한 갈증을 시원하게 해결해줄 수 있을까. 서울아산병원은 '내 손안의 차트'

라는 앱을 선보였다. 이 앱의 궁극적인 목적은 나의 건강정보를 쉽고 편리하게 볼 수 있도록 한 것이다. 실제 진료 전 준비사항 안내와 만성질환 및 당뇨, 아토피 등을 관리할 수 있도록 만들어져 취지는 매우 좋았다. 다만 스마트폰을 이용해야 하는 고령자들에겐 접근 자체가 쉽지 않았을 뿐더러 여러 가지 개선의 여지가 필요해 보인다.

SK C&C는 ICT 기술 융합을 AIA 생명의 바이탈리티AIA Vitality에 접목시켰다. AIA는 디지털 건강관리 플랫폼인 '바이탈리티'를 통해 고객 맞춤형 건강관리 프로그램을 제공하겠다고 밝혔다. 아픈 곳을 치유해줄 수는 없지만 쿠폰과 같은 보상을 주면서 사용자들의 건강을 관리할 수 있도록 동기 부여하겠다는 것이다. 건강관리를 위해 몸에 부착시켜 체크할 수 있는 웨어러블 기기가 지금 이 시간을 알려주는 시계 기능이 아닌 진짜 건강을 위한 도구로서 활용되도록 만들어진 앱이라고 보면 좋을 것 같다.

유비쿼터스 헬스케어U-Healthcare, 줄여서 U헬스케어는 단순한 동기 부여가 아니다. 유무선 네트워크를 통해 언제 어디서나 건강관리 또는 의료 서비스를 받을 수 있도록 구축될 4차 산업혁명의 키워드 중 하나다. U헬스케어는 환자의 질병을 관리하는 의료산업과 그와 관련된 서비스에 바탕이 되고 일반인들의 건강을 유지 그리고 향상시킬 수 있도록 돕는 디지털 서비스에 이르기까지 광범위한 편이다. 의

료자원의 불균형으로 인해 울며
겨자 먹기 식으로 서울 및 수도권
대형병원에 찾아가야만 하는 사람
들에게 U헬스케어는 환자가 머물
러있는 그 자리에서도 충분한 의
료 서비스 기회를 제공하고자 한
다. 경험해본 사람들은 알겠지만
최근 대형병원들도 U헬스케어의
일부를 도입했고 그 시스템은 작
은 곳에서부터 변화를 시작했다.
과거 필자가 대형병원에 갔을 때
만 해도 대기표를 받고 번호를 부
르면 접수창구에서 접수를 했다.
개인 병원에서 큰 병원에 가보라

서울아산병원이 만든 앱 '내 손안의 차트'
스마트폰으로 개인 의료 정보를 확인하고 건
강을 관리할 수 있도록 돕는다.
출처: play.google.com

고 했냐는 질문부터 그 밖에 몇 가지 추가적인 정보를 묻고는 진료과
목 창구로 가라고 한다. 담당 의사를 만나기 위해 정해진 해당 진료
과목의 창구로 다시 이동, 접수와 대기는 그렇게 이어졌다. 오랜 대
기 시간과 달리 진료시간은 매우 짧다. 진료 후에는 수납을 하고 약
을 받아 집으로 향했다.

어디에나 접근할 수 있는 의료 서비스

그러나 지금은 이 모든 것들이 병원 종합 정보 시스템IHIS, Integrated Hospital Information System이라는 이름으로 자동화가 되어가고 있다. 개인 정보가 담긴 RFID 카드가 환자를 위해 발급되고 이 카드가 무인안 내 시스템과 연동되어 접수, 수납을 자동으로 처리한다. 물론 자세한 정보는 담당 의사나 간호사를 통해 제공받게 되지만 대다수가 IoT를 통해 자동화되었다. 더구나 U헬스케어는 자신의 진료 정보가 인터 넷망을 통해 정해진 서버에 쌓이게 되고 외국에 나가서도 활용될 수 있도록 고도화를 꾀하고 있다.

이른바 진료 정보 시스템CIS, Clinical Information System이라 일컫는 환 자의 진료 기록은 정해진 시스템으로 업데이트된다. 첫 진료 이후 쌓이는 진료기록, 의사 처방을 위한 처방 전달 시스템OCS, Ordering Communication System, 의료 영상물을 저장 또는 검색해주는 영상 시스템 이 여기에 포함된다. OCS의 경우는 의사의 처방을 진료를 지원하는 팀에 자동으로 전달하고 진료 이후 처방과 차트를 확인해야만 했던 과거의 아날로그 방식이 디지털로 구축된 것으로 역시 컴퓨터망을 이용한다.

손목에 차고 있는 환자 식별 코드는 이 환자의 주치의나 병명, 약품, 식사 정보까지 담는다. 간호사나 의사 역시 이 코드를 식별해 정해진 체계대로 움직인다. 다소 삭막하고 사람 냄새가 사라진 듯 느껴지기도 하지만 체계적 관리와 완벽한 치유를 위해서라면 충분히 납득할만 하다. 병원이란 본래 환자의 치료와 치유를 목적으로 하고 있고 환자 또한 자신의 완치를 이유로 입원하는 것이니 말이다.

원격으로 처리하게 되는 원격 의료 서비스는 통신망을 통해 멀리 있는 환자와 병원에 상주하는 의료진을 연결해준다. 집에 있는 진단 기기를 통해 환자의 상태를 파악하고 이 정보는 고스란히 원격진료 센터로 전달되어 검사와 처방을 병행한다. 이렇게 되면 병상에 누워 있는 환자들이 굳이 움직이지 않아도 처방이 가능한 것이다. 물론 응급 환자의 경우는 응급 서비스가 대응할 수 있도록 연결이 가능해졌다. 이를 일컬어 스마트 의료 홈smart medical home 프로젝트라 한다.

네트워크로 형성된 다양한 센서들이 환자의 피부, 혈당이나 심장 박동을 체크하고, 환부의 치유 상태를 포함해 암 발생 여부가 수집되면 개인별 의료 시스템에 전송된다. 물론 그 시스템은 병원에 근무하는 의사나 간호사 등 의료진에게 전달되고, 상황에 따라 방문 검진을 하거나 병세를 지켜보는 형태 등으로 활용된다.

과거에는 서울 대형병원에서 각 지방으로 짐을 싸들고 방문해 의료 봉사가 행해졌지만 이제는 낙도 지역뿐 아니라 해상에서도 원격

의료가 지원된다. 실제로 해양수산부 산하 기관인 동해어업관리단은 독도 해상에서 일어난 응급환자를 대상으로 원격 진료를 실시한 바 있다. 대게잡이 통발어선이 독도 해상에서 조업 중이었는데 갑자기 응급환자가 발생했다. 환자가 기침을 하고 피를 토한다며 무전으로 신고가 접수되었다. 동해어업관리단이 자체적으로 구성한 의료지원팀은 부산대학교병원 응급의료센터와 함께 화상 원격진료를 시작했다. 원격진료임에도 불구하고 혈압과 산소포화도, 맥박 등을 진료했고 위출혈이 의심된다는 소견으로 진통제와 위제산제 등으로 우선 처방과 투여를 실시했다. 물론 환자는 바로 어선에 인계하고 해당 어선 또한 즉시 귀항하도록 했다.

먼 바다에서 조업하는 사람들은 거센 바람과 파도와 부딪히며 작업한다. 경우에 따라 응급 환자가 발생할 가능성이 있고 어쩌면 원격진료는 이들에게 필수가 될 수도 있다. 동해어업관리단은 이처럼 상황이 악화될 수 있는 해상에서 원격진료를 실시했고 더불어 여건이 좋지 않은 낙도지역 사람들에게 건강검진을 실기하기도 했다. 단순한 생체 정보뿐 아니라 엑스레이 이미지 전송으로 원격 판독도 실시할 수 있게 되었다.

누구나 혜택을 받을 수 있을까

U헬스케어에도 리스크는 존재한다. 이처럼 네트워크를 통한 각 개인들의 정보는 '언제, 어디서나' 유비쿼터스 내에 존재하기에 쉽게 노출이 가능할 수밖에 없다. 만물인터넷에서도 언급했던 것과 같이 인터넷 망에 널리 퍼져있는 정보는 '언제, 어디서나'라는 긍정적 효과를 뒤집을 만큼의 역효과도 가진다.

특히나 진료 정보에는 진료와 수납이 한꺼번에 걸쳐져 있기 때문에 나의 신체 정보나 질환, 금융에 이르기까지 일반적인 개인 정보 이상의 것을 담을 수 있게 된다. 모든 것을 하나로 담으니 편리할 수 있겠지만 그 편리함이 반전을 일으킬 수 있다는 것이다.

의사는 진료와 치료를 우선시 하지만 환자가 '내 개인정보는 아프지 않나요?'라고 말한다면 뭐라고 대답을 하겠는가. 물론 보안 문제를 두고 의사와 이야기할 것은 아니지만 결국에 U헬스케어가 지향하는 방향으로 전국의 모든 이들에게 혜택을 주기 위함이라면 보안 문제만큼은 철저하고 신중하게 다뤄져야 할 것이다. 그리고 더욱 중요한 문제는 신뢰다. 배우 하지원과 강민혁이 출연했던 MBC 드라마 〈병원선〉은 인프라가 부족한 섬에서 배를 타고 의료 활동을 펼치는 의사들의 이야기를 그렸다. 청춘 의사들의 이야기이니 로맨스가 펼쳐지기도 했고 의료 문제와 그에 따른 제도에 대한 이야기들을 다루기도 했다. 더불어 환자의 건강을 이용해 영리를 추구하는 기업들의 횡포도 언급해 공감대를 형성하기도 했다.

물론 원격 진료에 대한 문제점도 다뤘다. 원격진료라 하면 언제 어느 때나 먼 곳에서 모니터링하며 케어를 한다는 긍정의 의미로 언급했지만 진짜 응급환자인 경우 골든타임을 어떻게 확보하느냐가 관건이다. 낙도 지역의 원격진료는 순기능으로 작용하기에 충분하지만 응급의 경우 의사가 환자의 몸을 직접 치료할 수 없기에 원격진료에 대한 신뢰도가 떨어질 수밖에 없다. 환자가 의사를 마주하더라도 필요한 자원이 부족하다면 역시 골든타임을 놓칠 수밖에 없다. 의료자원의 쏠림 현상은 고질적인 문제였기에 U헬스케어와 원격진료가 자리할 수 있도록 밑바탕부터 개선해야 할 것이다. 그래야 〈엘리시움〉에서 부각되었던 유토피아와 디스토피아의 경계선을 허물 수 있으리라고 본다.

〈엘리시움〉에 등장했던 의료장비는 리들리 스콧의 〈프로메테우스Prometheus〉에도 잠시나마 등장한 바 있다. AI와 로봇이 만나 상처를 치유하는 데 활용되는 첨단장비지만 우리도 멀지 않은 미래에 만날 수 있으리라 감히 예상해본다. 바로 그 출발선에 IBM의 왓슨Watson이 가장 대표적인 소프트웨어로 등장한 바 있다.

인간 의사를 대신하는 로봇 의사

'왓슨 포 온콜로지Watson for Oncology'라 불리는 이 소프트웨어는 미국의 IBM이 암 진단과 치료를 돕는 인공지능으로 개발한 것으로 저명한 학술지, 의학 서적 등 수많은 의료 데이터베이스를 담고 있는 첨단 장비다. 이러한 데이터베이스가 빅데이터가 되어 적중률이 높은 치료 방안을 제시한다.

우리나라에서는 가천대학교 길병원이 2016년 왓슨을 도입했고 1년이 지난 결과 왓슨의 치료법은 의사의 치료 방법과 높은 확률의 의견 일치율을 보였다. 길병원 이후 부산대학교 병원, 건양대학교 병원 또한 왓슨을 도입하기도 했다. 왓슨 도입은 점차 늘어날 것으로 예상된다. 물론 왓슨이 직접 환자를 치료하는 것은 아니지만 환자들의 질병을 파악하고 치료법을 제시하는 것 자체는 놀라운 혁명이 아닐 수 없다. 왓슨은 2004년부터 IBM이 정성을 쏟은 인공지능 프로그램으로 의료뿐만 아니라 공공행정, 금융 등 여러 분야에서 중요한 역할을 수행하고 있다.

건강을 올바르고 꾸준하게 관리하는 것은 바쁜 현대인들에게 결코 쉽지 않은 문제다. '술을 조금만 마셔야지' '식습관을 개선해야지' '오늘부터 운동해야지'라고 결심은 하지만 단 며칠 만에 무너지는 의

지를 바로잡기가 왜 이렇게도 어려운 것인지…. 스마트홈이 갖춰지
고 이로 인한 동기부여가 잘 이뤄진다면, 무엇보다 누구나 혜택을 고
르게 받을 수 있게 된다면 상상 속 유토피아를 우리의 미래 모습이라
고 여겨도 좋지 않을까.

2화

웨어러블 디바이스의 핵심은
콘텐츠

장신구가 아니라 전자기기가 된 팔찌

유비쿼터스 헬스케어는 우리의 건강과 삶의 질을 향상시키는데 큰 도움을 주게 될 것이다. 인프라가 구축되고 전국적으로 고품질 네트워크가 형성되면 언제 어느 때나 의료진의 도움을 받을 수 있는 날이 올 것이다. 그러나 상처를 꿰매고 약을 발라 치유하듯 아픈 곳을 치료하는 행위는 의사 면허를 가진 인간이 해야 하는데, 이러한 행위를 아무리 첨단 의료장비라고 해도 기계가 당장 대신할 수 있는 일은 아니다. 그런 장비도 없거니와 그런 기술력이 있다고 한들 쉽게 몸을 맡길 수가 있을까. 어쩌면 먼 미래에는 기계를 통한 의료행위가 의사를 대신할지도 모르겠다.

우리는 21세기를 살면서 수많은 디바이스와 함께 하고 있다. 모바일은 생활의 일부가 되었고 인터넷과 네트워크는 매일 같이 어느 공간과 접속해 소통하는 일상을 보내고 있다. 그러던 어느 날, 우린 우리의 몸과 가장 가까운 곳에 '웨어러블' 기기를 부착하기 시작했다. 시계나 팔찌가 가장 기본이었던 시기를 넘어 웨어러블 시대를 맞이했다.

데이비드 핫셀호프David Hasselhoff가 등장했던 〈전격 Z작전Knight rider〉은 1982년 미국 NBC에서 방영되었던 드라마 중 하나다. 1980년대 작품임에도 불구하고 당시에는 최첨단이라 부를 수 있을만한 장치들이 다수 등장했다. 어느새 60대 중반이 되어버린 데이비드 핫셀호프. 그가 연기했던 주인공 마이클 나이트는 '키트'라는 자동차를 몰며 종횡무진 활약한다. 키트는 사람이 없어도 인공지능이 탑재되어 마이클과 대화도 가능하고 자율주행 역시 가능한 첨단장비라 할 수 있다. 이 드라마에 등장하는 4차 산업혁명의 키워드는 자율주행, 인공지능 그리고 웨어러블이다.

마이클은 키트를 부를 때마다 손에 차고 있는 시계를 통해 "키트!"라고 외친다. 무거운 무전기도 아니고 귀에 장착하는 인이어in-ear도 아니다. 아마도 당시 가장 구현하기 쉬운 장비로 시계를 택하지 않았을까? 그것이 가장 멋지게 보일 수 있으니 말이다. 손목에 차고 있는 시계는 트렌드를 이끌어가는 패션 아이템이자 웨어러블의 초기 모델이기에 가장 변화를 꾀할 수 있는 장비이기도 하다. 독일 축구를 대표하는 선수인 메수트 외질Mesut Ozil은 자신의 애플워치를 〈전격 Z 작전〉의 시계와 비교하기도 했다. 그는 다음과 같이 말했다.

'새로 구입한 멋진 장비를 보니 신이 난다. 마이클 나이트 시계 같기도 한데 이건 진짜다! #나이트라이더 #폰. Excited about my new cool gadget! It's just like Michael Knight's watch, but a real one #knightrider #phone.'

트렌드를 이끌다

과거 우리는 거대한 레코드판인 LPLong Playing record나 육중한 몸집을 자랑하는 라디오를 통해 음악을 들었다. 레코드판에서 흘러나오는 클래식한 느낌은 꽤 낭만적이었지만 카세트테이프의 탄생으로 인해 역사 속으로 사라져버렸다. 카세트테이프는 탄생 초기, 음악 듣기에 다소 노이즈가 있다는 평이 있었지만 시대가 변하면서 품질은

보다 나아졌고 크기는 더욱 작아졌다. 소니의 워크맨Walkman은 음악을 듣거나 어학 공부를 위한 이동식 기기로 엄청난 사랑을 받았는데 카세트테이프와 함께 역사의 한 시대를 풍미했다.

워크맨은 소니의 창업자인 모리타 아키오盛田昭夫가 집중 개발한 상품으로 출시 두 달 만에 초기 물량 3만 대가 모두 팔려나갔다. 이후 워크맨은 라디오 기능까지 추가해 보다 업그레이드되었고 전 세계적으로 사랑을 받았으며, 1979년 출시된 이후 10년간 무려 5천만 대를 판매했다. 하지만 시대는 변하기 마련이고, 카세트테이프 그리고 워크맨의 전성기는 CD 플레이어에 의해 막을 내렸다. 그리고 다시 MP3 플레이어로 세대교체가 거듭되었다. 이제 우리는 스마트폰 하나만 있으면 음악은 물론 라디오도 들을 수 있다. 더구나 통화까지 되니 과거의 마이클 나이트가 보기에는 혁명이 아닐까.

전자기기를 휴대하는 것이 익숙한 풍경이 되었지만 세상은 다시 한 번 변했다. 포터블, 즉 이동식 장치가 '입는' 장치인 웨어러블로 변하게 되면서 트렌드 변화를 예고했다. 웨어러블의 시작은 다름 아닌 손목이다. 기본적으로 입을 수 있는 모든 것에 장착이 가능하겠지만 웨어러블 디바이스는 손목을 겨냥했다. 스마트폰과 같은 휴대용 디바이스는 우리 신체와 '가까이' 존재하던 것이지만 웨어러블은 마치

소니의 워크맨
시대를 풍미한 워크맨. 카세트
테이프를 재생하고 라디오를 들
을 수 있는 기능이 담겨 있었다.

신체의 '일부'처럼 변모했다. 혹자들은 스마트폰을 대체할 수 있는 디
바이스로 예측하기도 한다. 포스트 스마트폰 시대, 과연 웨어러블 디
바이스가 4차 산업혁명의 트렌드세터trend setter가 될 수 있을까.

대표적인 웨어러블 디바이스

필자 또한 웨어러블이 트렌드세터가 될 수 있을지 확신이 잘 서지
않는다. 실제로 왼쪽 손목에서는 애플워치가 메신저와 문자, 전화 알
림을 울려대고 있으며 동시에 오른쪽 손목에서는 미밴드가 오늘 몇
걸음이나 걸었는지, 심박 수는 어떤지 확인하고 있다. 사실 두 종류
의 디바이스 모두 대동소이할 정도로 큰 차이가 없지만 작게나마 다

웨어러블 디바이스
애플과 에르메스가 합작해서 내놓은 애플워치(좌측), 삼성전자의 기어 S3(중간), 샤오미의 미밴드(우측)
출처: 애플, 삼성전자, 샤오미 홈페이지

른 기능이 있어 모두 사용 중이다. 결론부터 이야기하면 수많은 기능 중에 일부만 사용함에도 불구하고 시계가 보여주는 시간 이상의 정보를 얻으니 개인적으로는 만족하는 편이다. 현재 웨어러블 디바이스는 수도 없이 존재한다. 그중에서 우리가 익히 알고 있는 기기 몇 가지를 압축해 이야기해보자.

- **■ 애플 브랜드 파워에 힘입은 애플워치**

애플워치Apple Watch는 2014년 9월 애플의 이름을 달고 이 세상에 태어났다. 2015년 4월에 출시되어 2분기에만 400만 대 물량이 판매되었다. 출시 이후 애플워치의 점유율은 무려 70% 수준이다. 애플은 2016년 10월에 2세대 애플워치를 내놓았고 2017년 9월에 아이폰8, 아이폰 X와 함께 애플워치 3세대도 발표했다. 샤오미의 미밴드나 핏빗, 갤럭시 기어와 같은 웨어러블 디바이스도 존재하고 있지만 애플워치의 경쟁력은 매우 강했다.

애플워치가 삼성의 갤럭시 기어와 경쟁 구도인 듯 보이지만 실제 출하된 수량으로만 보면 샤오미와 핏빗이 선두그룹에 존재한다. 애플워치 역시 이들 덕분에 선두에서 밀려나기도 했다. 애플워치가 처음 스마트워치의 정체성으로 태어났을 때 신기하고 설레는 마음으로 손꼽아 기다렸다. 카카오톡과 텔레그램 같은 메신저 앱의 푸시 알림은 아이폰이 없어도 충분히 확인할 수 있었고 휴대폰 충전 시에는 SF 영화의 주인공이라도 된 듯 시계에 대고 상대방과 통화가 가능했다. 애플의 인공지능 비서 시리를 작동하는데도 큰 무리가 없었다. 더구나 내 활동량도 아이폰의 건강 애플리케이션과 연동되어 쉽게 체크해볼 수 있다.

단, 아직까지는 구현할 수 있는 앱이 그리 많지 않다는 점이 개선되어야 할 문제로 보인다. 작은 화면에서 구동을 해야 하기에 필요한 기능을 최소화했다고 너그럽게 봐주면 좋을 것이다. 어쩌면 가격이라는 벽이 다른 웨어러블에 비해 높다고 느껴질 수 있다. 기본적으로 스포츠 모델이 40만 원대, 스테인리스 스틸을 사용한 애플워치는 60만 원에서 70만 원대다. 여기에 에디션 모델이라고 해서 1천 300만 원에서 1천700만 원이라는 어마어마한 가격대에 형성되기도 했다.

현재 애플 홈페이지에 나타난 애플워치 3세대는 40만 원 수준이다. 애플워치는 럭셔리 브랜드 에르메스HERMES와 컬래버레이션한 제품을 출시하기도 했다. 애플워치는 다양한 기능을 더하고 디자인 업그레이드를 시도하면서 웨어러블 디바이스로서 그 경쟁력을 키워가고 있다.

■ 대륙의 실수와 기적 사이, 미밴드

사람들은 샤오미를 바라보며 '대륙의 실수'라고 한다. 제품의 디자인과 생산은 물론 신제품을 발표하는 방식까지 애플과 유사한 모습을 띄고 있으면서 가격은 참 저렴하다. 샤오미는 IT 기기를 생산하는 중국 대륙의 대표적인 기업이 되었고 대륙의 실수가 아닌 '대륙의 기적'이라고 해도 과언이 아닐 정도로 거듭났다. 샤오미의 미밴드는 샤오미의 대표적인 웨어러블 디바이스다.

미밴드의 가장 큰 장점은 가격이다. 물론 기능적인 측면에서 애플워치와 비교되지 않을 정도로 단순하지만 최적화된 기능에 합리적인 가격이라고 판단된다. 가격으로만 보면 애플워치의 14분의 1 수준이다. 미밴드 2는 1세대와 달리 디스플레이를 갖췄다. 2세대는 현재 시간과 걸음 수, 수면량, 심박 수, 배터리 수명까지 확인할 수 있도록 구성했다. 목표치로 설정해둔 걸음 수를 채우면 진동이 울리며 도 달했음을 알려준다. 더구나 미밴드는 1회 충전 후 꽤 오랜 시간 버틸 수 있다. 이틀에 한 번 꼴로 충전해야 하는 애플워치와 차이를 보이 는 것 중 하나다.

애플워치로 수면을 모니터링하려면 1~2달러 수준의 비용을 지불 하고 유료 앱을 설치해야 하지만, 미밴드의 수면 체크 기능은 무료로 포함되어 있다. 얼마 동안 잠을 잤는지, 중간에 몇 번을 깼는지 얼마 나 깊은 잠을 잤는지를 체크해준다. 기본 사항으로 탑재되어 있는 심 박 수 기능을 통해 수면량을 체크하는 방식이다. 미밴드 2는 가격 대 비 성능이라는 측면에서 월등한 수준을 보인다. 손목에 두르는 밴드 역시 교체가 가능하기 때문에 패션 아이템으로도 충분히 활용 가능 하다.

■ 웨어러블 시장에서 약세를 보이는 조본 업

2006년 스포츠웨어의 대표적 브랜드인 나이키에서 아이팟용으로 활용되는 나이키 플러스Nike+라는 기기를 출시한 바 있다. 신발에 센 서를 달아 나의 활동량을 체크하는 방식의 웨어러블이었고 궁금증 을 자극하기에 충분했다. 그러나 호기심에 머물렀던 것은 가격과 성

능이었다. 소비자가 지갑을 열고 이 기능을 얼마나 활용할 수 있을까
가 관건이었다.

이후 조본 업이라는 웨어러블 기기가 등장했다. 웨어러블 시장에
서 조본 업을 빼놓을 수는 없다. 조본 업이 처음 공개된 후 공격적인
프로모션이 시작되었을 때 나의 건강 상태와 식사량 그리고 수면 활
동을 체크할 수 있다고 했다. 특히 밴드의 디자인이나 애플리케이션
의 UI 등이 매력적으로 다가왔다. 조본 업에 쌓여있는 데이터를 확
인하려면 아이폰과 연동을 해야 하는데 이어폰 단자를 이용하는 것
으로 페어링이 가능했다. 가격은 18만 원. 부담이 될 수 있지만 기능
적인 측면을 떠나 디자인에 반했다고 해도 과언이 아니다. 조본 업의
디자인은 산업 디자인 브랜딩 기업인 퓨즈 프로젝트^{Fuse Project}를 창립
한 이브 베하^{Yves Behar}가 디자인했다.

조본은 샌프란시스코에 본사를 두고 있으며 소비자 기술과 웨어
러블 기기 분야에서 나름 두각을 나타낸 기업이다. 스탠퍼드 대학교
의 학부생이 1998년 3월 알리프^{Aliph}라는 이름으로 설립된 회사가 조
본의 전신이다. 2011년 조본이라는 브랜드를 붙여 업^{UP}이 탄생했다.
사용자들의 라이프스타일을 추적하는 이들의 독특한 접근 방법은
수백 건의 특허 보유로 이어졌고 그 가치 또한 어마어마했다.

조본 1세대는 초기 모델이라 불편했던 게 사실이다. 웨어러블의

대다수가 블루투스 기능을 이용하는데 조본 업은 이어폰 단자를 이용해야 했고 단자를 덮는 뚜껑을 잃어버리면 난감한 상황에 처하게 된다. 더구나 식사량 체크는 개인이 섭취하는 식사는 물론 간식이나 물까지 부지런하게 기록해야 제대로 활용할 수 있어 다소 불편하게 느껴졌다.

현재 4세대가 혁신적인 디자인으로 탄생하기도 했고 소비자 선택의 폭을 확장하기 위한 값싼 모델도 보유하고 있지만 애플이나 삼성, 샤오미의 벽은 매우 높았다. 조본은 결국 웨어러블 시장에서 심각한 어려움을 겪고 있다.

■ 킥스타터 펀딩으로 주목을 받기 시작한 핏빗

웨어러블 시장에서 크게 사랑받았던 디바이스 중 핏빗 역시 언급하지 않을 수 없다. 핏빗을 조본과 비교한다면 디자인 이외 큰 차이가 없어 보일 정도다. 핏빗과 조본 모두 피트니스 트래커로 사용자의 운동량, 소모 열량 등을 체크하는 기능을 갖췄다.

핏빗은 일부 제품에서 피부 알레르기를 일으켜 문제가 되기도 했다. 피부 알레르기는 일으켰던 제품은 모두 리콜되었고 연이어 새로운 모델을 출시해 공백 기간을 최소화했다. 핏빗은 2007년 설립된 웨어러블 제조 회사로 지금까지 수많은 제품군을 쏟아냈다. 핏빗은 재미 교포인 제임스 박James Park이 에릭 프리드먼Eric Friedman이라는 최고 기술 경영자와 공동 설립한 회사다. 본사는 샌프란시스코에 있지만 보스턴, 더블린, 상해, 뉴델리, 서울 등 전 세계에 지사가 있을 정도로 성장했다. 핏빗은 스마트웨어 전문 기업인 페블Pebble을 2016년 12월 인수하기도 했다.

페블은 킥스타터Kickstarter 펀딩으로 주목을 받기 시작해 스마트 워치 시장을 선점한 기업이다. 킥스타터는 2009년 시작된 미국의 크라우드 펀딩 서비스다. 우리나라에서도 영화를 제작할 때 크라우드 펀딩을 통해 제작비를 확보하는 사례가 있는데 킥스타터는 영화, 음악뿐 아니라 비디오 게임, 퍼블리싱에서도 각광받고 있는 펀딩 플랫폼이다. 투자자 역시 어느 정도의 보상을 받는 것으로 알려져 있다. 페블은 이러한 펀딩 플랫폼을 이용하여 1천만 달러 이상을 모았고 2013년 처음 스마트 워치를 출시했다. 페블의 스마트워치는 2013년 1월부터 7월까지 8만 5천대가 팔려나갔다.

페블 클래식, 페블 타임 등 많은 제품군이 존재하고 있지만 최근의 트렌디한 웨어러블 디자인과 비교한다면 다소 투박한 편이다. 그러나 기능적 측면에서는 굳이 휴대폰을 꺼내보지 않아도 손목에서 볼 수 있는 페블 테크놀로지의 번뜩이는 아이디어를 그대로 담고 있다. 핏빗은 페블을 인수한 지 얼마 되지 않아 루마니아의 벡터 워치 Vector Watch를 추가 인수했다. 벡터 워치의 큰 장점은 배터리다. 배터리 수명이 무려 30일이나 된다. 핏빗은 더욱 몸집을 불려 나갔고 웨어러블 전문 기업답게 애플워치, 삼성 갤럭시, 샤오미와 함께 명실상부한 선두그룹에 존재하고 있다.

■ 흔히 접할 수 있는 갤럭시 기어

삼성전자는 갤럭시와 연동되는 안드로이드 스마트워치, 즉 갤럭시 기어를 2013년 처음 선보였다. 스마트워치에 모두가 집중하던 2013년, 출사표를 던지며 경쟁시장에 뛰어든 삼성은 소비자들의 기대감을 충족시키지 못했다는 평도 받았다. 디자인 측면으로 볼 때, 삼성이라는 로고 없이도 갤럭시 기어라는 정체성을 드러내려고 했지만 이는 오히려 마이너스 요인이 되었다.

그러나 기능적 측면으로만 보면, 건강, GPS, 라디오, 유틸리티 등 다양한 앱을 소화할 수 있었으며 폰에서 작동 가능한 기능들을 시계 속으로 넣어놓았다. 삼성전자는 기어 스포츠와 기어 아이콘 X 2018이라는 무선 이어셋을 연이어 출시하면서 스포츠 활동에 강하다는 측면을 내세우고 있다. 특히나 골프 에디션 모델을 추가하면서 골프

애호가의 이목을 집중시키기도 했다. 갤럭시기어야 말로 우리 주변에서 흔히 볼 수 있는 웨어러블 기기 중 가장 대표적인 제품이라 할 수 있다.

웨어러블은 위기를 겪고 있는가

웨어러블의 종류나 특성만 따지고 보면 다양한 제품들을 얼마든지 언급해볼 수 있다. 앞에서도 언급한 다섯 가지 웨어러블은 일부에 불과하다. 사실 웨어러블 디바이스는 지금까지 한참을 달려왔다. 앞만 보며 달려오던 웨어러블 시장의 성장 속도가 주춤하면서 한계에 봉착한 것이 아니냐는 이야기도 흘러나온다.

스마트폰을 대체하는 포스트 스마트폰 시대에 웨어러블만큼 획기적인 발명품도 없었을 텐데 우리가 충분히 예측 가능한 영역 이상 발휘할 수 있는 킬러 콘텐츠가 부재하다는 것이 가장 큰 문제가 되어버렸다. 쉽게 말해, 대다수 제조사들이 스마트폰에서 할 수 있는 최소의 기능들을 사용자에 맞게 최적화했지만 피트니스 트래커라는 정체성에 머물러 있을 뿐 내가 소비한 돈의 효용가치를 충분히 소화하지 못하고 있다는 점이 리스크로 작용했다. 사용자가 열심히 움직이지 않으면 피트니스 트래커의 가치마저도 사라지기 마련이다.

더구나 스마트워치의 경우 여러 가지 기능을 집약하여 넣는다고 해도 몇 인치에 불과한 작은 화면에서 구동할 수 있는 한정된 범위가 고스란히 한계로 드러나기 때문에 역효과가 일어날 수 있다. 다양하다는 측면에서는 장점으로 보일지도 모르나 자칫 복잡해지는 기능은 소비자로부터의 외면을 받게 될 위험이 있다. 자칫 맹목적일 수 있는 다양함보다 '선택과 집중'을 통해 웨어러블이니까 가능한 필수 기능이 필요한 시점이다. 더불어 매력적인 가격으로 형성된다면 소비자의 이목을 집중시킬 수 있을지 모른다.

최근 구글에서는 피를 보지 않아도 혈당 측정이 가능한 '스마트 콘택트렌즈'를 개발 중이라고 한다. 웨어러블이 손목에 집중하고 있었을 때 구글은 스마트한 렌즈 개발에 박차를 가했다. 심지어 바늘을 찌르지 않아도 혈당을 체크한다고 하니 어찌 놀라지 않을 수 있겠는가. 혈당에 이상이 발견되는 경우, 렌즈에 불빛이 들어오는 방식인데 아직은 연구 단계에 있는 프로젝트다. 스위스계 제약사인 노바티스 Novartis와 함께 공동으로 연구 및 개발을 진행 중에 있다.

포항공과대학포스텍 역시 헬스케어 콘택트렌즈를 프로젝트로 연구 중에 있다. 각막과 눈꺼풀 안쪽 혈관에서 착안하여 시스템을 구축했고 초소형 마이크로 발광다이오드LED와 광검출기를 렌즈에 장착했다. 포스텍 신소재공학과의 한세광 교수는 "눈은 뇌와 심장, 간 등 인체 주요 장기와 밀접한 연관성이 있는 것으로 알려져 있어 스마트 콘택트렌즈를 이용한 당뇨 광 진단 및 치료 시스템 기술을 다양한 난치성 질환에도 적용할 수 있을 것"이라고 했다. 포스텍은 여러 연구 성과를 기반으로 창업한 바이오벤처 주식회사 화이바이오메드 및 국내 최대 콘택트렌즈 전문기업인 주식회사 인터로조와 함께 공동 프로젝트를 진행 중이다. 이밖에도 울산과학기술원UNIST, 삼성전자와 소니도 특허신청을 내며 스마트 콘택트렌즈 개발에 박차를 가하고 있다.

웨어러블의 가장 기본적인 기능은 앞에서 언급한 것처럼 피트니스 트래커다. 헬스케어라는 거대한 영역 안에 피트니스 트래커가 존재하고 있는 만큼 이 분야를 고도화할 수 있다면 가치는 더욱 높아질 것이다. 사람들은 누구나 아프면 병원에 가고 '괜찮을까?'라며 건강에 대한 염려도 하기 마련이다. 웨어러블이 사용자의 건강을 하나하나 챙겨줄리 만무하지만 어느 정도 권장은 할 수 있다. 시간이 되면 '심호흡'의 알림이 울리고 오래 앉아있으면 일어날 시간이라고 말해주는 기능이 그런 사례다.

시계, 반지, 콘텍트렌즈… 웨어러블의 확장

불과 몇 년간 웨어러블은 한참을 달려왔다. 한계는 어느 정도 드러났고 트렌드세터가 되기에는 갈 길이 멀어 보인다. 시계를 불편해하는 사람들이 더러 있으니 손목에만 집중할 필요도 없어 보인다. 물론 눈에 렌즈를 씌우는 케이스도 실존하고 있는 상황이라 손목을 벗어난 것도 사실이다.

실제로 웰트WELT라는 이름의 벨트형 웨어러블도 존재한다. 음식을 섭취하면 우리의 배는 포만감을 가지며 늘어나기 마련이다. 허리의 움직임을 센서가 감지하고 변화를 측정해낸다. 결과 값은 스마트폰 애플리케이션으로 전송되어 확인이 가능한 케이스다.

옴니핏 링Omnifit ring이라는 반지형 웨어러블은 말 그대로 반지처럼 손가락에 끼워 사용하는데 사용자의 맥을 측정하고 수면 시에는 패턴까지 분석해주는 똑똑한 녀석이다. 숙면을 도와주는 음악도 들을 수 있다지만 가격이 다소 부담스러운 편이다.

그 밖에도 걸음걸이를 체크해 올바르게 잡아주는 신발 깔창, 속옷을 통해 몸 상태를 체크해주는 옴브라 같은 웨어러블도 존재한다. 분야는 넓다. 웨어러블이 할 수 있는 영역 또한 손목의 한계를 벗어나고 있고 사용성과 앱의 한계가 드러난 만큼 오히려 고도화의 가치를 높일 수 있는 발판이 될 수 있으리라고 감히 예측해본다.

피트니스 트래커로 시작한 웨어러블의 시대는 점차 헬스케어 분야로 넘어가는 추세다. 물론 웨어러블의 시작은 시간을 확인하는 단일 목적의 시계나 액세서리라는 의미의 팔찌였지만 디지털로 변모하면서 다양한 기능이 추가되기 시작했다.

라이프스타일과 하나 될 웨어러블

모바일 전성시대로 급변하는 사회 속에서 우리는 바쁘게 이동하고 365일 24시간 매순간 휴대폰의 메시지를 확인한다. 주머니나 가방 속에 넣어둔 휴대폰을 꺼내지 않고도 손목 위에 존재하는 웨어러블 디바이스로 다급하게 울리는 메시지를 확인할 수도 있게 됐다. 업계는 시간과 메시지, 알람 등의 푸시를 확인하는 기능과 더불어 다양한 콘텐츠를 넣기 시작했지만 개인별로 차이가 있다 해도 정작 활용하고 있는 앱은 몇 개에 불과하다. 콘텐츠의 부재는 웨어러블 디바이스의 위기로 직면할 수 있다.

웨어러블 디바이스는 점차 헬스케어와 맞물려 우리의 건강을 챙겨주는 도우미로 탈바꿈하는 중이다. 웨어러블 기기가 있다고 해서

저절로 건강해지는 것은 절대 아니다. 웨어러블 기기가 진정한 트렌드세터가 되려면 인간의 라이프스타일을 파악해야 하고 트렌드가 변화하는 속도와 잘 맞물려야 한다.

3화

생활에 침투하는
증강현실과 가상현실

아직은 맛보기 단계인 증강현실

시각을 담당하는 눈은 우리가 살아가는데 있어 매우 중요한 역할을 한다. 눈물에서 채취한 포도당으로 혈당을 측정하는 것 역시 눈과 연결된 혈관을 통해 이뤄지는 것이고 눈의 변화를 통해 건강을 확인할 수도 있다.

스마트 웨어러블이자 헬스케어 디바이스의 정체성을 가진 스마트 콘택트렌즈는 단지 시작에 불과하다. 눈을 통해 들어오는 피사체의 정보 즉 시각정보는 두뇌로 흘러들어가 반응을 취한다. 눈앞에 파리가 날아들면 자연스레 손을 내저으며 피하게 될 것이고 슬픈 영화를 보면 감정의 변화를 겪으며 눈물을 흘리기도 한다. 4차 산업혁명이 도래한 현실 속에서 고도화된 시스템과 인프라를 통해 우리는 더욱 놀라운 것을 체험할 수 있게 됐다.

영화 〈아이언맨〉에 등장하는 주인공 토니 스타크의 집무실이자 작업공간은 우리가 꿈꾸는 4차 산업혁명의 화려하고 다양한 기술이 총집합된 곳이라 해도 과언이 아니다. 말 한마디면 알아서 척척 움직여주는 로봇은 자비스라는 인공지능을 통해 작동하고, 자동차나 기계의 설계도를 홀로그램으로 표현하고 있지만 필요 없는 자료는 종이를 구기듯 던져버리는 행위는 가상현실의 일례라고 할 수 있다.

아이언맨의 슈트는 토니 스타크의 신체 리듬을 읽으며 눈앞에 모든 것을 보여준다. 심지어 슈트를 입고 있지 않아도 아바타처럼 움직이니 이만하면 증강현실과 가상현실의 신비하고도 놀라운 진화가 아닐 수 없다. 물론, 영화지만 말이다.

아직은 증강현실을 맛보기하려고만 해도 묵직한 고글에 휴대폰을 탑재해야 한다. 그러나 시간이 조금 지나면 우리는 곧 증강현실과 가상현실을 아주 쉽고 편리하게 그리고 다양한 체험을 통해 만날 예정이다.

증강현실의 진화

2016년 7월 6일 출시된 증강현실 게임 〈포켓몬 고Pokémon GO〉는 전 세계 스마트폰 유저들에게 뜨거운 사랑을 받았다. 당시 필자도 이 게임을 다운로드하여 이용해봤지만 국내에서는 최적화되어 있지 않아 중도에 포기하고 말았다. 포켓몬 고의 개발사인 나이언틱niantic은 2017년 1월 한국 진출을 공식 발표하기도 했다. 국내 서비스가 시작되면서 본 게임을 포함해 관련 앱들이 구글 스토어나 아이폰 앱스토어 상위권에 랭크되기도 했다.

증강현실AR, augmented reality을 아주 간단히 말하면 실제 세계에 3차원 가상의 물체를 입혀 눈으로 볼 수 있도록 만들어진 신기술이다. 1990년 미국 항공기 제조업체로 유명한 보잉Boeing의 연구원이었던 톰 코델Tom Caudell이 비행기를 조립하던 과정에서 수많은 전선을 잇고 연결하는 작업을 하다가 오로지 배선도를 위한 과정에 가상의 이미지를 첨가하면서부터 증강현실이 시작되었다고 알려져 있다. 'Augment'는 늘리거나 증가시킨다는 의미의 단어인데 일본에서는 이를 '증강'이라고 표현했다.

익히 알려진 것처럼 실세계와 가상의 물체가 합쳐져 하나의 화면

인기 앱

구글 앱스토어 인기 앱 순위
포켓몬 GO가 구글 앱스토어 인기 앱 순위 상위권에 올라 있다.
(2017년 2월 기준)
출처: 구글 앱스토어

으로 구성되는데 이를 '혼합 현실mixed reality'이라고도 부른다. 과거 SK 텔레콤이 AR 기술을 응용해 지역 검색 서비스 '오브제Oviet'를 선보인 바 있다. 휴대폰을 들고 주변을 비추면 스크린 위로 몇 미터 거리에 어떠한 장소가 있는지 나타나고 부가 정보도 함께 표출되었는데 지금 생각해보면 단순했지만 당시엔 꽤 흥미로웠다. 일본 만화 〈드래곤볼〉에서도 사이어인이 '스카우터'라는 장비를 들고 나타나는데 이 역시 증강현실의 사례로 많이 언급되고는 한다.

대중화되는 증강현실

몇 년 전만 해도 오브제와 같이 AR을 이용한 콘텐츠나 애플리케이션의 한계가 분명했다. 단순하게 말해 신기한 기술일 뿐 별로 재미가 없었다. 인기를 끌만한 킬러 콘텐츠가 없으니 초반에 신기함을 경험해버리고 나면 이내 지루하고 허탈하기까지 했다. 하지만 〈포켓몬고〉의 글로벌 매출만 10억 달러를 넘어섰다고 하니 AR의 한계를 뛰어넘은 것은 물론 재미까지 더한 성공 사례라 할 수 있다.

AR 분야에는 몇 가지 사례가 더 있다. 글로벌 가구 기업인 스웨덴의 이케아IKEA도 AR 기술을 접목시켜 활용도 높은 서비스를 선보인바 있다. 실제 거실 앞에서 스마트폰을 들고 서면 이케아에서 제작된 의자나 소파, 테이블 등 가구들이 얼마나 잘 어울리는지, 방 크기에는 적당하게 맞는지 쉽게 알아볼 수 있다고 한다. AR과 실생활의 결합은 이케아만 시도한 것이 아니었다. 우리에게 익숙한 업체 하이마트에서도 가전제품을 가상으로 배치할 수 있는 앱을 내놓았고 BMW에서도 증강현실을 이용한 앱을 선보여 화제가 되기도 했다.

이처럼 증강현실은 점차 대중화되었고 진화를 거듭하고 있다. 구글의 AR 기술 역시 일찌감치 개발에 나섰고 진화된 모델을 준비하고 있다. 스마트폰과 태블릿 등의 디바이스에 고성능 카메라를 탑재해 AR 기술을 선보이는데, 이 프로젝트의 이름을 '탱고Tango'라 한다. 속을 파보면 굉장히 복잡하겠지만 겉으로만 보면 원리는 간단해보인다. 탱고의 카메라가 실제 환경을 분석하고 현실과 사물의 심도를 파악, 모션 트래킹까지 인식해 AR을 선보이는 것. 이미 관련한 게임이 등장하기도 했고 측정 도구 앱이 출시되기도 했다. 더구나 AR을 지원하는 스마트폰이 레노버Lenovo사에서 '팹 2 프로'라는 이름으로 등장한 바 있다. 공간학습이 가능한 센서와 카메라가 탑재되어 있어 주변에 존재하는 물건과 공간을 3D로 볼 수 있는 기능이 존재한다. 아직까지 관련 앱이 많지 않은 점, 크기가 크다는 점, 3D가 구현되기에 다소 느리다는 점이 있다고 알려져 있으나 증강현실에서는 빠지지 않는 디바이스다.

가상현실, 그 현주소는 어디인가

1993년에 제작된 실베스터 스탤론Sylvester Stallone 주연의 〈데몰리션 맨Demolition Man〉을 기억하는 사람들이 얼마나 있을지 모르겠다. 실베스터 스탤론이 연기한 스파르탄은 냉동 감옥에 갇혀 70년간 냉동인간으로 지냈고 2032년 깨어나 헉슬리라는 여성과 만나게 된다. 신체 접촉이 금지되었던 미래 시대에 이들은 가상현실을 통해 스킨십을 나눈다. 가상현실을 이용한 스킨십은 마치 하나의 의식 같아서 몸하나 닿지 않고도 느낄 수 있는 일종의 '플라토닉'을 이야기하는 듯했다. 과거를 살았던 스파르탄에게는 해괴한 방식이었을 것이다.

영화의 배경은 2032년이었지만 가상현실의 세계는 더욱 가까이 와 있다. 가상현실은 오락, 의료, 영화 등 다양한 분야와 접목되어 실생활에 침투하고 있다. 영화에서나 볼법한 상상의 세계가 현실화되고 있는 것이다. 미국 유명 잡지 〈와이어드WIRED〉에 따르면 가상현실은 1989년 컴퓨터 공학자인 재론 래니어Jaron Lanier에 의해 지칭된 개념으로 잘 알려져 있는데, 사실 1938년 프랑스의 극작가 앙토넹 아르토Antonin Artaud가 가장 처음 언급한 표현이라고 한다. 당시 앙토넹 아르토가 그의 수필에서 'la réalité virtuelle가상의 현실'이라는 표현을 썼다고 하니 비록 구체적이진 않았다 하더라도 이미 이때부터 가상 세계에 대한 상상이 펼쳐졌던 모양이다.

사실 가상현실이라는 단어는 아이러니함 그 자체다. 가상과 현실, 가짜와 진짜가 합쳐져 만들어진 단어이니 말이다. 이용자가 현실과 유사하고 비슷한 3차원 상황 속에서 상호작용할 수 있도록, 다시 말해 실제로 다른 세계에 있다고 확신할 수 있도록 만들어진 것이 가상현실이다.

2015년 미국 라스베이거스에서 열린 국제 소비자 가전박람회CES, The International Consumer-Electronics Show에서는 가상현실 세계에 대한 삼성전자의 소개가 있었다. 가상현실을 경험하려면 헤드셋이 필요한데 삼성전자는 자사의 기어 VR에 특화된 콘텐츠를 밀크 VRMILK VR이라는 타이틀로 선보였다. 삼성전자는 자사 제품 및 개발 뉴스를 보도하는 사이트인 뉴스룸news.samsung.com를 통해 미국의 인기 드라마인 〈워킹 데드The Walking Dead〉 등을 제작한 스카이바운드 엔터테인먼트와 함께 밀크 VR용 미스터리 스릴러 작품을 만들겠다는 계획도 발표한 바 있다. 또한 미국 프로 농구나 음료인 레드불, 마운틴듀 등 다양한 산업분야와 협력해 VR 콘텐츠를 확충하는 것에 대해서도 언급하면서 향후에는 단순히 보는 것to see이 아니라 주인공이 되어 경험할 수 있도록to experience 진화할 것이라고 덧붙였다.

삼성 측은 밀크 VR이라는 이름을 세상에 알렸으나 이후 '삼성 VR'로 타이틀을 변경했다. 밀크보다는 삼성이라는 이름이 더욱 대중적이기 때문이다. 2014년 말에는 글로벌 SNS 기업인 페이스북이 VR 전문기업 오큘러스를 20억 달러, 한화로 약 2조 3천억 원에 인수하기도 했다. 페이스북의 CEO인 마크 저커버그는 전 세계인들이 VR을 경험할 수 있도록 노력하겠다고 밝힌 바 있는 것처럼 누구나 쉽게 접근할 수 있도록 변화를 꾀했다. 페이스북은 VR 헤드셋인 '오큘러스 고Oculus GO'를 공개했고 2018년 초에 출시하겠다고 밝혔다. 가격은 199달러로, 기존처럼 스마트폰 연결도 필요 없고 케이블이 없어도 된다고 하니 보다 대중적으로 다가갈 것이라는 예측이다.

AR과 VR, 이제는 체험하는 시대

증강현실은 가상현실과 더불어 정보통신기술의 핵심이고 4차 산업혁명의 화두이기도 하다.

"VR 기기로 게임하면 재미있겠는데?"
"그럼 VR 게임방을 만들어볼까?"

이런 대화가 창업을 꿈꾸는 사람들이나 게임을 좋아하는 마니아층 사이에서는 수도 없이 회자되었을 것이다. 사실 VR 업계는 비즈니스 모델에 접근하기가 매우 어려웠던 것이 사실이다. VR룸과 게임의 접목은 분명히 또 다른 화제가 될 것이지만 넘어야 할 산이 많았다. 예를 들면 VR을 이용한 탑승 기구의 사전 검사라든지, VR룸의 음식점 동시 입점이라든지, VR 게임물의 등급분류라든지, 사용자의 위험 요소가 있을 수 있는 공간의 올바른 확보 등과 같이 이른바 규제가 많았다.

한국 정부는 가상현실과 관련된 규제를 간소화하고 산업 활성화에 나서겠다고 했다. 분명히 VR 업계의 전망은 밝을 것이라고 본다. 게임에만 접근하는 게 아니라 교육이나 국방 등에서 충분히 응용할

아담: 루인드시티
플레이박스에서 즐길 수 있는
VR 게임.
출처: 플레이박스 홈페이지
(playboxvr.co.kr)

만한 가치가 있기 때문이다. VR이 진화되면 될수록 가상의 공간이 진짜 현실처럼 느껴지게 될 것이다. 과거 16비트 컴퓨터에서 즐기던 아날로그 게임들이 사양이 좋아지고 시대가 변하면서 보다 세밀하고 구체화된 디지털 게임으로 변모한 것을 생각해보면 VR 또한 크게 다르지 않을 것이다.

아무래도 당장은 시기상조일 수 있다. 많은 돈을 투자해 VR 게임을 개발해 출시하더라도 현재 시장에서 손익분기점을 넘는다는 것은 욕심이다. 하드웨어 기술이나 헤드셋으로 연결되는 데이터의 전송 속도, 지금은 다소 무거운 기기들의 큰 변화와 개선이 반드시 필요하다. 2017년 11월 24일에는 국내 최초로 카카오와 제주 수목원테마파크가 컨소시엄으로 참여한 지역상생 VR 콘텐츠 체험존이 문을 열기도 했다. 플레이박스Play Box라는 이름의 이 체험존에서는 열한 가지의 다양한 체험이 가능하다고 알려져 있다. 플레이박스는 라스베

가스, 바르셀로나 등 주요 도시에서도 러브콜을 받은 바 있는 체험 공간으로 이미 해외 마켓에서 검증되었다고 말한다. 플레이박스 컨소시엄은 한국콘텐츠진흥원의 VR콘텐츠 체험존 구축사업에 선정된 바 있다.

증강현실이나 가상현실 모두 온 국민이 편하고 가깝게 사용하기 위해서는 극복하고 넘어가야 할 과제들이 너무 많다. 사용자 입장에서 언제쯤 상용화되고 보급될 수 있을지를 손꼽아 기다리고 있지만 조금은 인내가 필요해 보인다. 이러한 신기술을 받아들이려면, 제도적으로도 개선이 필요하기 마련이다. 그나마 이러한 기술의 규제가 완화되어 산업 활성화로 이어져 결국 대중화가 될 것이지만 또 다른 개선도 필요하다. 정부나 학계에 있는 사람들, 그리고 이를 연구하거나 개발하는 산업계의 유수한 인력들이 떠안고 있는 과제가 하나씩 풀린다면 우리는 곧 체험하는 시대를 영접하게 될 것이다. 간혹 등산을 하다가 이런 대화를 나눠본 적이 있을 것이다.

"정상까지 얼마나 남았어요?"
"요 앞이에요. 조금만 가면 돼요."

바로 앞이라는 말이 진실일 때도 있지만 대부분 과장이다. 이미 심장은 쿵쿵 뛰고 다리는 후들거려 쓰러지기 일보직전. 분명히 정상이 눈앞에 보이지만 그곳에 닿기까지 왜 이리 힘든 것인지. 그러나 우리는 모두 언젠가 정상에 다다른다. AR과 VR이 지배하는 세상이 대중화되기에는 먼 소식 같지만 역시 알고 보면 얼마 남지 않았다.

4화

스마트 도시에서 실현되는
초연결 사회

빅데이터로 운영되는 도시

4차 산업혁명 내에서는 초연결 사회를 자주 언급한다. 개개인의 활동으로부터 생성되는 정보들과 각 분야에서 수집되는 데이터가 빅데이터로 쌓이고 쌓여 긍정적 효과의 자원으로 거듭나게 되면 인터넷이 연결된 그 어느 공간에서도 충분히 활용할 수 있게 된다. 인공지능 스피커가 놓여있는 거실과 사물인터넷이 결합된 침실, 가상현실과 증강현실을 이용해 놀이를 하는 아이들 방 모두가 하나의 커넥티드 홈을 이룬다면 이것이 모여 스마트 도시smart city로 점차 거듭나고 있다. 즉 4차 산업혁명 속에서 스마트 도시는 전체를 아우르는 하나다.

스마트 도시라 하면 수많은 유형의 빅데이터를 활용해 도시를 효율적으로 운영하는 것인데 네트워크를 통해 시민들과 소통하고 사물인터넷과 정보통신기술이 통합되어 나아가 진화와 혁신을 이룬 도시를 일컫는다. 시민들의 안전과 윤택한 삶은 기본이 되고 마치 우리가 미래지향적인 도시를 꿈꿀 때 표현되는 것들이 눈앞에 나타난다고 해도 과언이 아닐 것이다. 스마트 도시는 유비쿼터스 시티와 연결고리가 있는데 스마트시티에는 4차 산업혁명의 키워드인 만물인터넷과 인공지능 기술이 두루 결합되어 있다.

남양주, 대구, 울산… 국내 지자체 사례

몇 가지 사례를 살펴보자. 경기도 남양주시는 유비쿼터스 첨단 도시로 도약하기 위한 발판으로 '유비쿼터스 시티 통합 센터'를 개관했다. 이 센터는 남양주 시민을 위한 여러 서비스를 제공하는데 교통 상황에 맞춰 실시간으로 교통신호를 제어하거나 우범지역의 방범 시스템을 운영하고 긴급 상황에 대처할 수 있도록 구축되었다고 한다. 대구시의 경우는 SK텔레콤, 삼성전자와 손을 잡고 IoT 전용망을 구축하기도 했다. 가스나 수도 사용량을 사람이 체크하는 경우가 다반사지만 IoT 기기가 자동으로 점검할 수 있는 측정 서비스를 마련했고 공장이나 상업 시설의 상태를 제어 및 관리하는 서비스도 구축했다. 울산시도 지역 특성을 고려하여 재난과 안전 분야를 강화할 수 있는 스마트시티 사업에 뛰어들었다. 교통량을 빅데이터로 분석하고 가로등이나 주차장, 관광까지도 스마트시티 사업에 포함시킨다고 한다.

이러한 사례들만 보면 우리가 생각했던 미래지향적 모습이 구체적으로 드러난 것 같지 않아 다소 어색해보일 수 있겠다. 교통과 공공시설, 환경과 안전에 대처하는 스마트시티의 궁극적인 목적은 시민들의 서비스를 개선하고 삶의 질을 높이는 데 있다. 각 가구마다 펼쳐진 커넥티드 홈이 IoT 아파트로 건설되고 이와 같은 단지가 우후죽순 늘어나 하나의 마을로 형성이 되면 언젠가 그 동네는 스마트시티로 거듭나게 될지도 모르겠다. 하지만 시청과 같은 지자체와 공공시설을 운영하는 기관과 협업이 이뤄지지 않으면 특정한 동네에만 확충될 수밖에 없는 단순한 서비스로 전락할 수 있다.

네덜란드 암스테르담에서는 '스마트시티 챌린지Amsterdam Smart City Challenge'라는 프로젝트를 매년 운영하는데 정부와 기업, 지역 주민들

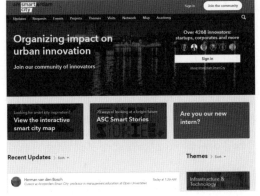

암스테르담 스마트 시티 홈
페이지

암스테르담은 스마트 시티의 사
례로, 교통량과 에너지 사용량
을 낮추는 등의 목표를 가지고
있다.
출처: amsterdamsmartcity.
com

이 공동으로 연구 과제를 수립하고 윤택한 삶을 위해 도시 자체를 업
그레이드하고 있다. 이 프로젝트는 생산적이며 건설적이고 지향적
인 모델이 아닐 수 없다. 교통량을 줄이고 에너지도 절약하며 시민들
의 안전까지 고려하는 것, 더구나 살기 좋은 공간으로 바꿔나가는데
시민들이 참여할 수 있다는 것은 굉장한 매력이다.

문재인 정부가 들어서면서 대통령 직속의 4차 산업혁명위원회가
생겼고 그 아래 산하기관이 들어서기도 했다. 그중 스마트 도시를 꾀
하는 특별위원회와 국토교통부과 함께 선정하고 추진해 스마트시티
가 신규로 늘어날 예정이다. 지역을 선정하는 데 있어서는 투기 과열
을 배제해야 하고 기존과는 다른 차별화가 밑바탕이 되어야 한다. 무
엇보다 서민들의 주거 환경을 개선해주기를 바란다.

핫키워드로 떠오른 스마트시티

2018년 초 미국 라스베이거스에서 개최된 CES 2018의 가장 핫한 키워드가 바로 스마트시티였다. 4차 산업혁명에서 벌어지고 있는 주요 키워드가 모두 스마트시티와 결합되어 있다. 스마트시티는 커넥티드 홈이나 인공지능, 사물인터넷, 자율주행 자동차에 이르기까지 다양한 분야와 관계를 맺고 있고 수많은 기업들이 앞다투어 투자하는 비즈니스 모델로 거듭났다. 2017년 1월에 열렸던 CES 2017이 인공지능이나 가상현실 등 각 분야에 집중했다면 올해는 이러한 분야를 모두 아울렀다. 인공지능이 탑재된 자율주행 자동차가 내가 설정해둔 장소로 이동하고 사물인터넷이 스며든 가정에서는 사람의 신호를 통해 가전들이 작동하는 형태를 넘어 커넥티드 홈에서 도시로, 그리고 도시를 감싸고 있는 각 인프라와 솔루션까지 모두 하나로 연결되는 초연결 사회가 스마트 도시의 실체라 할 수 있다.

거버넌스의 필요성과 도시 집중화에 대한 문제

보통 사람들은 상상력이 발휘된 영화의 장면들을 보며 미래를 꿈꾸기도 한다. 영화에서 그려진 커넥티드 홈이나 마천루가 가득하고 휘황찬란한 불빛을 뿜내는 미래지향적 도시가 진짜 가능한지 고민과 검토는 반드시 필요한 법이다. 보통 유비쿼터스 도시는 커넥티드 홈의 연결이나 지역 인프라가 갖춰지는 것을 우선시했기에 기술 중심적이었지만, 스마트시티는 그러한 인프라와 정부, 지자체가 지역에 사는 사람들과 함께 가꿔나간다는 의미에서 사람 중심이라 할 수 있겠다. 시민들이 참여하고 정부 기관 그리고 기업들과 공유하고 협업해야 진정한 의미를 가진 스마트 도시가 탄생하기에 이른다.

이를 한 단어로 딱 잘라 말해 거버넌스governance라 하겠다. 최근에 정부와 기업, 시민 사회가 함께 사회·경제·문화적 이슈에 관해 논의하고 결정하고 추진하는 행정의 개념을 거버넌스라 부른다. 4차 산업혁명, 무엇보다 스마트시티 구축에 있어 거버넌스의 재정립은 필수적 요소가 되었다. 물론 거버넌스의 개념이 스마트시티에만 국한되어 있는 것은 아니다. 헬스케어 분야도, 자율주행 자동차와 사물인터넷 등 4차 산업혁명을 언급한 모든 산업 분야에서 있을 수 있는 이슈와 리스크를 완화시키려면 민관협업은 중요한 문제다. '선진국과 달리 우리나라는 정체 중'이라며 뉴스에서 언급하는 사례를 흔히 볼 수 있는데 한국 환경과 제도에 맞게 안착을 시키려면 조금씩 다듬어 전체를 바꿔야 한다. 사례로 언급했던 네덜란드 암스테르담과 같은 경우가 거버넌스의 재정립과 올바른 민관협업으로 주목해볼만하다.

미국이나 캐나다, 중국, 러시아의 나라 면적만 보면 우리나라와는 비교도 할 수 없을 정도다. 초고층의 아파트나 여의도의 63빌딩을 뛰어넘는 롯데월드 타워 같은 마천루가 우후죽순 늘어나기도 한다. 그렇다면 이러한 건물들이 얼마나 효율적으로 움직일 수 있을까. 또한 스마트시티를 구축하는데 얼마나 도움이 될 수 있을까.

사람들이 한 곳에 모여 에너지를 나눠 쓰고 공통된 장소에 분리수거를 하는 행위, 더구나 소통과 친밀감 등 유대감을 형성하는데 있어 아파트와 같은 다세대 주택은 감히 효율적이라 할 수 있지 않을까. 더구나 이렇게 아파트가 형성하는 다세대 단지와 지역구가 함께 이루는 인프라는 보다 '스마트'하게 변모한다. 인구가 많으니 이를 충족하기 위한 제도가 생겨나고 모이는 세금이 많으니 예산 또한 불어날 수밖에 없다. 재원이 있으니 그만큼 삶의 질이 높아진다는 것이 단순한 이유다.

이렇게 되면 지방 소도시나 도시에서 떨어진 단독주택, 시골의 한적한 마을은 쇠퇴하게 되는 것인가 하는 의문점이 생길 수밖에 없다. 주요 정부 기관들이 지방으로 분산되는 것이나 정부가 스마트시티 프로젝트를 시행할 서울 이외 지역들을 선정하는 것은 도시 집중 현상을 막기 위한 방책 중 하나라고 할 수 있다. 도시가 이루는 오염과 환경파괴로 인해 전원생활이나 귀농을 꿈꾸는 사람들도 생겨난 요즘이기는 하지만 도시에 집중하는 현상은 크게 변하지 않는다. UN이 2017년 발표한 자료에 따르면 전 세계 인구 중 7%가 1천만 명 이상이 모인 초대형 도시에 살고 있다고 한다. 전 세계 인구가 70억 명 이상이니 대략 5억 명이 도심에 살고 있다는 말이 된다.

친환경적이며 미래지향적인 공간으로 나아가다

허허벌판에 살 곳이 생기고 상권이 생기면서 인구는 몰려든다. 인구가 몰리면 도시를 이루고 나아가 메가시티megacity, 거대도시로 변모한다. 전국적으로 스마트시티를 형성하려면 궁극적으로 전체의 변화를 이뤄야 한다. 한쪽에만 집중하면 다른 한쪽은 쇠퇴하기 마련이며 양극화 현상이 주는 폐해를 피할 도리가 없다. 스마트라는 단어는 사전적 의미에서 깔끔하고 똑똑하며 '활기차다'는 의미를 갖는다. 인류의 번영과 환경 보존, 에너지 효율, 조화를 이루는 영특함을 두루 갖춘 도시가 진정한 스마트 시티라고 할만하다.

4차 산업혁명이 바라보는 측면에서 스마트시티의 생활은 지금 우리가 살아가는 방식 자체를 크게 변화시킬 수 있을지도 모른다. 언제 어디서나 네트워크 접속이 가능하니 굳이 사무실이라는 공간이 없어도 텔레워킹Teleworking, 재택근무이 가능할 것이고 전기차나 자율주행차가 확산되면 스마트시티에 형성된 교통망을 통해 목적지까지 편하게 이동할 수 있을 것이며 친환경적이고 미래지향적인 모습으로 거듭날 수 있을 것이다. 무엇보다 4차 산업혁명이 탄생시킨 스마트한 아이템들을 우리 모두가 집에서 곧 마주하게 될 것이다. 그날이 온다면 눈앞에 펼쳐진 혁명이 우리 그리고 우리의 다음 세대를 위해 커넥티드 홈을 넘어 스마트한 도시 나아가 유토피아로 거듭날 수 있는 밑거름이 되어주기를 바란다.

지금까지 알아본 것처럼, 스마트 도시는 끊임없이 변화하는 기후와 나날이 늘어가는 환경오염 그리고 산업화와 도시화에 따른 비효율 등에 대응하기 위해 자연친화적 기술과 ICT 기술을 융합한 도시이자 미래 지속 가능한 도시를 의미한다. 우리 정부 역시 스마트 도시 조성에 따른 삶의 질을 향상시키기 위해 건설과 IT의 융·복합을 시도하고 있다. 첨단정보통신 인프라를 구축한 도시 곳곳에 지능화된 시설을 배치하고 나아가 도시 전체를 운영하는 통합운영센터를 기반으로 언제 어디서나 서비스를 받을 수 있도록 하는 것이 정부의 목표라고 한다.

기술이 당장 삶의 질을 높일 수는 없다. 커넥티드 홈은 세상 어딘가에서 이미 벌어지고 있는 현실이지만 누군가에겐 그저 아득한 미래의 단편적인 모습일 수도 있다. 표면적으로는 스마트 시티지만 우리가 체감할 수 없는 도시의 변화는 자칫 논란만 일으킬 수도 있다. 분명히 투자규모는 늘어났는데 정작 스마트 시티라고 불리는 곳에 살고 있는 내가 혜택을 받지 못한다면 무슨 소용일까. 보통 해외 사례를 언급하며 미국의 경우는 어떠했고, 가까운 일본은 이러했다는 말만 반복할 것이 아니라 정말 우리 생활과 문화에 잘 맞는 스마트 시티로 거듭나야 한다. 누구나 혜택을 받을 수 있고 누구에게나 보편적이면서 혁신적인 변화가 되기를.

참고 문헌

1부 1화

— 〈2017 Internet Trends〉, Mary Meeker, Kleiner Perkins Caufield Byers, 2017.5.31.

— WORLD ECONOMIC FORUM, www.weforum.org

— 《클라우스 슈밥의 제4차 산업혁명》, 클라우스 슈밥, 새로운현재, 2016.4.

— 《3차 산업혁명》, 제레미 리프킨, 민음사, 2012.5.

— GE APPLIANCES, geappliances.com/our-company

— 《로버트 오언》, G. D. H. 콜, 칼폴라니사회경제연구소, 2017.2.

1부 2화

— 국립중앙과학관, science.go.kr

— Library of Congress(General Information), loc.gov

— 카카오(보도자료), www.kakaocorp.com

— 〈Seriously, How Dumb Is Trump?〉, 2018.01.07., HUFFPOST, www.huffingtonpost.com/entry/seriously-how-dumb-is-trump_us_5a525a1ee4b003133ec8cb66

1부 3화

— Number of monthly active Twitter users worldwide from 1st quarter 2010 to 4th quarter 2017, www.statista.com/statistics/282087/number-of-monthly-active-twitter-users

— 《도널드 트럼프》, 강준만, 인물과사상사, 2016.8.

— 《마크 주커버그》, 마샤 아미든 루스티드, 해피스토리, 2012.5.

— 〈Facebook's carousel ads are 10 times better than its regular ads〉, DIGIDAY, 2015.10.19., digiday.com/media/facebooks-carousel-ads-10-times-better-regular-ads

1부 4화

— CISCO InternetOfEverything, ioeassessment.cisco.com

— WATCH DOGS, watchdogs.ubisoft.com

— LG유플러스 IoT@home, uplus.co.kr

— 대통령직속 4차산업혁명위원회, www.4th-ir.go.kr

1부 5화

— 알리페이, alipay.com

— 네이버페이, pay.naver.com

— 카카오페이, kakaopay.com

— 금융위원회, fsc.go.kr

— 대외경제정책연구원, kiep.go.kr

— 케이뱅크, kbanknow.com

— Charles Schwab, schwab.com

— 〈2015 글로벌 자산관리 비즈니스 동향 및 시사점〉, 금융투자협회, 2015.11.02., kofia.or.kr

— 미래에셋대우 로보어드바이저, www.miraeassetdaewoo.com/hrb/hrb1001/a01.do

— KBot SAM(KB국민은행 로보어드바이저, 케이봇쌤), kbstar.com

2부 1화

— 제닉의 인공지능, genic.ai

— "Artificial Intelligence MogIA predicted the outcome of last four presidential elections including Trump win", 2016.11.9., nextbigfuture.com

— "Here's how an AI system correctly predicted Trump's victory" from Sanjiv Rai Interview, CNBC, 2016.11.11., cnbc.com

— Go ratings, goratings.org

— Alphago zero, deepmind.com

— SK텔레콤 누구(Nugu), nugu.co.kr

— 구글 어시스턴트, assistant.google.com

— Timeline of innovation(2007) - SRI International, www.sri.com

— amazon logo, www.logaster.com

— 네이버 클로바, clova.ai

— 카카오 AI, kakao.ai

— 산타토익 뤼이드, riiid.co

2부 2화

— 네이버랩스 유럽, europe.naverlabs.com

— LINE、事業戦略発表イベント「LINE CONFERENCE TOKYO 2014」を開催, linecorp.com/ja/pr

— 줌인터넷(김우승 대표 및 실적 자료), zuminternet.com

2부 3화

— WIKIPEDIA Aileron, en.wikipedia.org/wiki/Aileron

— WIKIPEDIA Rudder, en.wikipedia.org/wiki/Rudder

— 《첨단 자동차 섀시》, 김재휘, 도서출판 골든벨, 2009.9.

— WAYMO, waymo.com

— NVIDIA   Automotive Partner List, nvidia.co.kr

— innoviz CEO and roadmap, innoviz.tech

— 네이버랩스, naverlabs.com

2부 4화

— 한국로봇산업협회, korearobot.or.kr

— 광운대학교(로봇학부), kw.ac.kr

— 광운대학교 로봇디자인연구소, ird.kw.ac.kr

— 동명대학교 로봇시스템공학과, robot.tu.ac.kr

— 한국로봇융합연구원, kiro.re.kr

— 《4차 산업혁명, 미래를 바꿀 인공지능 로봇》, 이세철, 정보문화사, 2017.8.20.

— 《The Robot》, Lisa Nocks, Greenwood Press, 2007. 2.

2부 5화

— 국립중앙과학관(사물인터넷), science.go.kr

— 《3D프린팅》, 오원석, 커뮤니케이션북스, 2016.5.

— 미래창조과학부(3D프린팅산업 진흥 기본계획), 2016.12.27., msit.go.kr

— 서울성모병원(3D 프린팅 이용 심근경색 줄기세포 치료 기술 개발), 2017.2.9.,
   cmcseoul.or.kr

— 〈This is The World's First Entirely 3D-Printed Gun〉, Forbes, 2013.5.3., www.forbes.com/sites/andygreenberg/2013/05/03/this-is-the-worlds-first-entirely-3d-printed-gun-photos/#786f6e834197

3부 1화
— 빗썸, bithumb.com
— ripple, ripple.com
— 이더리움재단, ethereum.org
— 유빗, youbit.co.kr
— 코미드, komid.co.kr

3부 2화
— 코인링크, coinlink.co.kr
— 주식회사 써트온, certon.co.kr
— 금융정보분석원, www.kofiu.go.kr
— 정책브리핑, korea.kr
— 페이스북, New Ads Policy: Improving Integrity and Security of Financial Product and Services Ads, facebook.com/business/news
— [단독]비트코인 팔아 한국 금괴 68kg 갖고 출국한 일본인…금거래소선 'VIP 대접', 2018.1.31., 경향신문, news.khan.co.kr/kh_news/khan_art_view.html?artid=201801310942001
— 코인원, coinone.co.kr
— 보도해명] 2018. 1. 31.(수) 한국경제 등 「가상화폐 정부발표 31일 예정」 제하 기사 관련, 기획재정부(자금시장과 해명자료), 2018.1.31., mosf.go.kr

3부 3화

— 《알기 쉬운 블록체인》, 쉬밍싱 · 티엔잉 · 리지위에, 북스타, 2017.12.

— My Collected Works. 46. The Byzantine Generals Problem, lamport.azurewebsites. net

— 한국블록체인산업진흥협회, kbipa.org

— IBK기업은행 경제연구소, research.ibk.co.kr

— R3, r3.com

— NASDAQ Launches Linq, a Private Blockchain-Powered Trading Platform, 2015.10.28., ccn.com, www.ccn.com/nasdaq-launches-linq-a-private-blockchain-powered-trading-platform

— 소프트웨어정책연구소, spri.kr

— Survey Report-Deep Shift(Technology Tipping Points and Social Impact), 2015.09., weforum.org

— 이더리움재단, ethereum.org

3부 4화

— 《블록체인 매니지먼트》, 양정훈 · 양정욱, 헤리티지, 2018.02.

— Smart Contracts Described by Nick Szabo 20 Years Ago Now Becoming Reality, 2016.4.26., bitcoinmagazine.com

— bitcoin wiki, en.bitcoin.it

— Trust, Confidence and Verifiable Data Audit, 2017.3.9., deepmind.com

— Google Deepmind NHS app test broke UK privacy law, 2017.7.3., bbc.com

— Google DeepMind patient data deal with UK health service illegal, watchdog says, 2017.7.3., cnbc.com

— Blockchain solutions and services, ibm.com/blockchain

— Welcome to the blockchain nation, 2017.7.7., medium.com

— Why Estonia, visitestonia.com

— Toyota pushes into blockchain tech to enable the next generation of cars, 2017.5.22., techcrunch.com

— Toyota Research Institute Explores Blockchain Technology for Development of New Mobility Ecosystem, 2017.5.22., toyotanews.pressroom.toyota.com

4부 1화

— 서울아산병원, amc.seoul.kr

— SK C&C PR센터, cc.sk.co.kr

— 한국정보통신기술협회, tta.or.kr

— 해양수산부(동해어업관리단 보도자료), eastship.mof.go.kr

— 《의료IT융합, 의료기기 및 U헬스케어》, 임팩트 편집부, 임팩트, 2015.3.

4부 2화

— WIKIPEDIA Walkman, en.wikipedia.org/wiki/walkman

— 애플, apple.com/kr

— 샤오미, mi.com/en/miband2

— 조본, jawbone.com

— 핏빗, fitbit.com

— 페블, pebble.com

— 삼성전자, samsung.comn

— Life through a smart contact lens: From glucose detectors to AR displays,

2016.5.4., wareable.com

— 신소재 한세광 교수팀, "콘택트렌즈로 당뇨진단"…스마트 헬스케어 렌즈 본격 상용화(포스텍 신소재공학과 연구성과 중), 2017.7.31., postech.ac.kr

— 화이바이오메드, phibiomed.co.kr

— 주식회사 인터로조, interojo.com

— Sony's Smart Contact Lenses can let you take pictures with your eyes!, 2016.6.22., thetechnews.com

4부 3화

— What is Augmented Reality(AR): Augmented Reality Defined, iPhone Augmented Reality Apps and Games and More, 2009.11.3., digitaltrends.com

— The History of Augmented Reality, 2013.10.31., sevenmediainc.com

— Report:Pokemon Go has now crossed $1 billion in revenue, 2017.2.1., techcrunch.com

— Place IKEA furniture in your home with augmented reality, 2013.7.26., IKEA Youtube

— 구글 탱고(개발자용), developers.google.com/tango

— A Conversation with Jaron Lanier, VR Juggernaut, 17.11.21., wired.com

— 삼성전자 뉴스룸, news.samsung.com/kr

— 삼성전자 CES 2015 프레스 컨퍼런스 기술-콘텐츠-서비스 연결, 미래비전 제시 (보도자료), 2015.1.6., samsungvr.com

— 오큘러스, oculus.com

— 플레이박스, playboxvr.co.kr

4부 4화

— 암스테르담 스마트시티, amsterdamsmartcity.com

— CES 2018, ces.tech

— 《스마트시티》, 이상호 · 임윤택 · 안세윤, 커뮤니케이션북스, 2017.5.

— 《미래의 도시》, 사이언티픽 아메리칸 편집부, 한림출판사, 2017.11.

— UN: 세계인구 7%, 1000만명 이상 초대형 도시들에 살고 있어, 2017.10.9., itcle.com

— 스마트도시협회, smartcity.or.kr

한 권으로 읽는 4차 산업혁명

초판 1쇄 발행 · 2018년 4월 5일

지은이 · 강규일
펴낸이 · 김동하
책임편집 · 양현경

펴낸곳 · 책들의정원
출판신고 · 2015년 1월 14일 제2015-000001호
주소 · (03955) 서울시 마포구 방울내로9안길 32, 2층(망원동)
문의 · (070) 7853-8600
팩스 · (02) 6020-8601
이메일 · books-garden1@naver.com
블로그 · books-garden1.blog.me

ISBN 979-11-87604-54-9 03320

· 이 도서의 국립중앙도서관 출판예정도서목록(CIP)은 서지정보유통지원시스템 홈페이지
(http://seoji.nl.go.kr)와 국가자료공동목록시스템(http://www.nl.go.kr/kolisnet)에서 이용하
실 수 있습니다. (CIP제어번호 : CIP2018008964)